Marie-Anne Sire est conservateur en chef du Patrimoine. Chargée depuis 1983 de la région Midi-Pyrénées, elle est aujourd'hui adjointe à l'inspection générale des Monuments historiques. Elle a organisé plusieurs expositions, parmi lesquelles «Les Jacobins de Toulouse» et «Saint-Sernin : trésors et métamorphoses». Elle est chargée de cours à l'Ecole nationale du Patrimoine et à l'université de Toulouse-Le Mirail. Elle est membre de la Commission supérieure des Monuments historiques et de la section française de l'Icomos (International Council on Monuments and Sites).

A Guillaume, Diane et Thibault

Tous droits de traduction et d'adaptation réservés pour tous pays © Gallimard 1996

Dépôt légal : septembre 1996
Numéro d'édition : 74014
ISBN : 2-07-053343-3
Imprimerie Kapp Lahure Jombart, à Evreux

LA FRANCE DU PATRIMOINE
LES CHOIX DE LA MÉMOIRE

Marie-Anne Sire

DÉCOUVERTES GALLIMARD
CAISSE NATIONALE
DES MONUMENTS HISTORIQUES ET DES SITES
MÉMOIRE DES LIEUX

Le 14 fructidor an II (1er août 1794), l'abbé Grégoire dénonce avec force devant les membres de la Convention la fièvre destructrice qui prend pour cible les «objets nationaux», et qu'il est le premier à appeler «vandalisme». «Le respect public, déclare-t-il, doit entourer particulièrement les objets nationaux qui, n'étant à personne, sont la propriété de tous.»

CHAPITRE PREMIER
L'APPARITION D'UNE CONSCIENCE PATRIMONIALE

Face aux «vandalistes» révolutionnaires, «destructeurs de la production des arts», évoqués par une gouache de Lesueur (ci-contre), apparaissent les premiers réflexes patrimoniaux : Alexandre Lenoir tentant de protéger de la fureur des sans-culottes le tombeau de Louis XII et d'Anne de Bretagne (à gauche).

L'APPARITION D'UNE CONSCIENCE PATRIMONIALE

L'usage privé des biens de la couronne

Jusqu'au dernier quart du XVIIIe siècle, seuls quelques lieux et objets spécifiques échappaient à la loi de l'utilité immédiate : tel était le cas des reliques consacrées par l'Eglise et des *regalia*, instruments du sacre des rois de France conservés au Trésor de l'abbaye de Saint-Denis. Ces rares exemples mis à part, l'idée d'un patrimoine national n'existait pas encore : les souverains successifs considéraient alors les bâtiments qu'ils occupaient et le mobilier ou les collections qui y étaient abrités comme leurs biens personnels ; quels que soient leur qualité intrinsèque ou les souvenirs historiques qui s'y rattachaient, ils en disposaient à leur guise et vendaient ou faisaient disparaître ce qui ne satisfaisait plus ni leurs besoins ni leur goût.

François Ier exprimait, en visitant Nîmes en 1533, son admiration pour les monuments antiques ; le peu de mérite qu'il reconnaissait à l'architecture médiévale l'avait amené six ans plus tôt à faire raser au Louvre le donjon de Philippe Auguste pour dégager la cour et réaménager les lieux. Louis XIV ordonne en 1677 la démolition du monument des Piliers de Tutelle, bâti à Bordeaux au début du IIIe siècle, afin d'étendre le château Trompette. Il s'agissait pourtant, d'après l'architecte de la Colonnade du Louvre,

Les «regalia» étaient confiés à la garde des abbés de Saint-Denis qui devaient les présenter pour chaque sacre d'un roi de France. Nombre de ces objets ont pourtant disparu, parfois bien avant la Révolution. D'autres ont été conservés, mais dispersés comme par exemple le calice du sacre, dit de Saint-Rémi, la coupe et la patène de Saint-Denis. Subsistent, parmi les insignes royaux, les éperons d'or et de grenats, l'épée dite «de Charlemagne» et son fourreau, ainsi que le sceptre de Charles V (page de droite, en bas). La couronne du sacre de Louis XV (à gauche) fut déposée à Saint-Denis en 1729, après que le roi en eut fait extraire les pierres précieuses qu'il remit parmi «les joyaux de la Couronne» et qui

furent remplacées par des verroteries.

Claude Perrault, d'«un des plus magnifiques» témoins de l'architecture romaine et «des plus entiers qui fussent restés en France».

A Versailles, en 1752, Louis XV se résout à voir disparaître l'escalier des Ambassadeurs afin de loger dans l'espace récupéré des appartements pour l'une

C'est pour Madame de Montespan que Jules-Hardouin Mansart conçoit le château de Clagny (ci-dessous), bâti non loin de Versailles entre 1676 et 1680, et entouré

de ses filles. Il encourage sans état d'âme le dépeçage de plusieurs piles de l'aqueduc de Maintenon et la destruction des châteaux de Clagny et de Malgrange, bâtis pourtant le premier par Jules-Hardouin Mansart, le second par Germain Boffrand. Quelques années plus tard, en 1788, Louis XVI signe un édit condamnant à la vente ou à la démolition les châteaux de la Muette, Madrid, Vincennes et Blois dont l'entretien est jugé trop coûteux. Seuls les deux derniers ont échappé au sort qui leur était promis grâce à leur réutilisation comme prison pour le château de Vincennes et comme caserne pour Blois. Rares sont les voix qui s'élèvent alors dans l'opinion pour dénoncer l'usage

d'un jardin dessiné par Le Nôtre. Décrit comme «le palais d'Armide» par Madame de Sévigné, Clagny vaut à son architecte d'être appelé peu après par Louis XIV pour agrandir le château de Versailles.

Le retable du Parlement de Paris (page de gauche, en bas) présente à l'arrière-plan la silhouette du donjon bâti au Louvre par Philippe Auguste, dont les bases ont récemment été mises au jour sous la Cour carrée.

parfois destructeur de ces richesses privées.

Les premières contestations

Dès 1703, Roger de Gaignières adresse au chancelier Pontchartrain un mémoire destiné au roi, pour en obtenir un arrêt du conseil qui «défendra de démolir les monuments sans une permission expresse de ceux qui peuvent y être intéressés et qui commettra une personne pour aller dans les provinces les faire dessiner». Gaignières se lance lui-même à la quête d'images en se faisant accompagner dans tous ses voyages en France par un dessinateur. Il réunit ainsi près de vingt-cinq mille dessins illustrant villes et monuments, tombeaux, vitraux, tapisseries, costumes... qui entrent à sa mort, en 1715, dans les collections royales. Son exemple sera suivi par dom Bernard de Montfaucon qui publiera de 1729 à 1735 cinq volumes de gravures représentant les *Monuments de la Monarchie française*.

Quelques voix discrètes de visiteurs étrangers s'expriment à leur tour sur le peu de soin réservé en France à des monuments

Au fil de ses pérégrinations en France, François-Roger de Gaignières (1642-1715) transcrit un grand nombre de textes inédits en les accompagnant de multiples notes et dessins (à gauche, Notre-Dame-La-Grande à Poitiers). Il souhaitait ainsi porter témoignage d'une histoire aux traces trop fugitives, qui lui semblait promise à une lente mais inéluctable disparition.

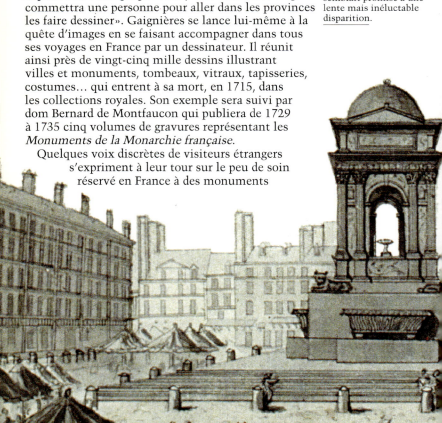

GAIGNIÈRES ET MONTFAUCON 17

insignes : Jean-Jacques Rousseau, qui découvre en 1737 les arènes de Nîmes, est surpris de l'indigence de leur présentation et les compare avec quelque amertume à celles de Vérone «entretenues au contraire avec toute la décence et la propreté possibles». Son jugement est sévère : «Les Français, écrit-il, n'ont besoin de rien, et ne respectent aucun monument. Ils sont tout feu pour entreprendre et ne savent rien finir ni entretenir.» Thomas Jefferson, ambassadeur des Etats-Unis à la Cour de Versailles, émet en 1787 des critiques identiques à propos des arènes d'Orange, outré «qu'en ce XVIIIe siècle, en France, sous le règne de Louis XVI, on soit en train d'abattre le mur circulaire de cette superbe ruine pour paver une route».

Aucun monument ne devrait pouvoir être détruit sans une enquête préalable de l'autorité publique, souhaite à la même période l'abbé Mercié, soutenu par Quatremère de Quincy qui dénonce en 1787, dans le *Journal de Paris*, les menaces imminentes de démolition pesant sur la fontaine des Innocents, œuvre illustre de Jean Goujon, et qui date de 1549. Deux ans plus tard, grâce à la campagne de presse entreprise et aux protestations du public, celle-ci échappe au programme de destruction engagé sur le cimetière voisin et sur les bâtiments qui lui servaient d'écrin.

Après avoir traduit les œuvres des Pères grecs, le bénédictin dom Bernard de Montfaucon (1655-1741) publie *L'Antiquité expliquée* et les *Monuments de la Monarchie française*. Il y présente notamment une coupe de l'abbatiale Saint-Martial de Limoges, qui sera rasée à la Révolution, associée au

tombeau du cardinal d'Aigrefeuille (ci-dessus).

Sauvée de la démolition grâce aux protestations du public, la fontaine des Innocents démontée en 1789, qui formait à l'origine un angle de la rue Saint-Denis, est remontée au milieu du marché sous la forme d'une tour à quatre faces (ci-contre). Les décors de Jean Goujon sont alors complétés par Pajou qui sculpte trois nouvelles naïades.

Le patrimoine «en Révolution» : symbole de l'Ancien Régime ou fondement de l'identité nationale?

Dès 1790, l'archéologue Aubin-Louis Millin appelle l'attention des membres de l'Assemblée constituante sur les «monuments historiques» en introduisant cette expression dans le langage courant. La confiscation des biens de l'Eglise en novembre 1789, bientôt suivie par celle des propriétés des nobles émigrés et des biens de la Couronne, en 1792, attribuait à la Nation une responsabilité nouvelle, celle de choisir désormais parmi les monuments et les œuvres devenus propriété publique ceux qui méritaient d'être conservés et transmis aux générations futures. Pour ce faire, l'Assemblée constituante prescrit le recensement et le tri de ces œuvres d'art ; les unes devaient être recueillies dans des musées, les autres destinées à la vente ou à la fonte. Elle crée le 16 décembre 1790 la commission des Monuments, qui réunit artistes et savants, et qui élabore les premières instructions concernant l'inventaire et la conservation des œuvres d'art. Une peine de deux ans de fers est promise, à partir de juin 1792, à quiconque se rend responsable de dégradations sur des monuments d'art dépendant des propriétés nationales.

Les abus se multiplient pourtant au lendemain de l'insurrection du 10 août 1792 qui met fin à la monarchie. Quatre jours plus tard, l'Assemblée leur donne même la légitimité qui leur manquait : «Les principes sacrés de la liberté et de l'égalité ne permettent point de laisser plus longtemps sous les yeux du peuple français les monuments élevés à l'orgueil, au préjugé et à la tyrannie.» Le 16 septembre, elle précise par un nouveau décret : «Toutes les statues, bas-reliefs, inscriptions et autres monuments en bronze et en toute autre matière élevés sur les places publiques, temples, jardins,

Située place des Victoires à Paris, la statue de Louis XIV est abattue le 11 août 1792 (ci-dessous).

LE VANDALISME LÉGITIMÉ 19

parcs et dépendances, maisons nationales, même dans celles qui étaient réservées à la jouissance du roi, seront enlevées à la diligence des représentants des communes qui veilleront à leur conservation provisoire.» L'article suivant impose leur conversion en bouches à feu, à moins qu'une demande ne soit faite par la commission des Monuments au corps législatif pour obtenir exceptionnellement «la conservation des objets qui peuvent intéresser les arts».

Débordée par les extrémistes, la Convention aggrave encore la prohibition des armoiries et emblèmes de royauté ou de féodalité. Les tombeaux des rois conservés à l'abbaye de Saint-Denis sont détruits en août 1793, malgré l'avis de la commission

La violation des tombeaux des rois à l'abbaye de Saint-Denis en août 1793 – représentée par une toile d'Hubert Robert (ci-dessus) – illustre l'impuissance de la commission des Monuments face aux excès qui étaient commis au nom du changement et à l'encontre de la mémoire collective.

des Monuments qui souhaitait les préserver «non par amour pour eux, mais pour l'Histoire et pour une idée vraiment philosophique». La commission des Monuments est même suspendue, accusée à cette

occasion de montrer «un civisme stationnaire ou même arriéré»; elle est remplacée par la commission temporaire des Arts, le 18 décembre 1793. Devant la multiplication des actes de vandalisme aveugles s'élèvent de vives protestations, notamment celles de l'abbé Grégoire.

La colère de l'abbé Grégoire

Les trois rapports successifs de l'abbé Grégoire sur les «Destructions opérées par le Vandalisme et sur le moyen de le réprimer» marquent en 1794 une étape importante : le mot de «vandalisme» y apparaît pour la première fois. «Je créai le mot pour tuer la chose», écrira-t-il dans ses *Mémoires*. Après Millin, Lakanal et le mathématicien Romme, il souligne l'existence d'un patrimoine collectif dont la sauvegarde est d'utilité publique et qui intéresse la mémoire et l'identité nationale. Dans son troisième rapport, Grégoire dénonce les trois principaux motifs déterminant les vandales à commettre leurs méfaits : l'ignorance, l'insouciance et la friponnerie. Il remarque que «la plupart des hommes choisis pour commissaires sont des marchands, des fripiers qui, étant par état plus capables d'apprécier les objets rares présentés aux enchères, s'assurent des bénéfices exorbitants».

Un décret du 16 septembre 1792 recommande de «livrer à la destruction les monuments propres à rappeler les souvenirs du despotisme» et de «préserver et de conserver honorablement les chefs d'œuvre des arts, si dignes d'occuper les loisirs et d'embellir le territoire d'un peuple libre». La salle de l'Assemblée établie aux Tuileries (ci-contre) abrita régulièrement de telles séances de tri.

L'enquête de l'abbé Grégoire sur le vandalisme l'amène notamment à souligner les conditions douteuses dans lesquelles se déroulent les ventes de biens nationaux : «Comme les commissaires ont des deniers à pomper sur les sommes produites par les ventes, il évitent de mettre en réserve les objets précieux à l'instruction publique.»

Sans relâche, l'abbé Grégoire tente d'identifier aux yeux de tous la vertu républicaine et l'estime des arts. Il se fixe pour but d'obtenir au nom de la pédagogie et de la morale la sauvegarde de ce que d'autres classent encore parmi les «trophées de la superstition». Ses propos ne restent pas lettres mortes. La Convention promulgue, le 3 brumaire de l'an II, un nouveau décret qui rappelle les extrémistes à la raison: «Art. 1 – Il est défendu d'enlever, détruire, mutiler, ni altérer en aucune manière sous prétexte de faire disparaître les signes de la féodalité ou de la royauté, dans les bibliothèques ou les musées, les objets qui intéressent les arts, l'histoire et l'instruction. Art. 2 – Les monuments transportables, intéressant les arts et l'histoire, qui portent quelques-uns des signes proscrits, seront transférés dans le musée le plus voisin.»

L'abbé Grégoire, ardent adversaire de la Monarchie, est chargé par le Comité d'Instruction publique de préparer un rapport «pour dévoiler les manœuvres contre-révolutionnaires par lesquelles les ennemis de la République tentaient de déshonorer la Nation, de ramener le peuple à l'ignorance, en détruisant les monuments des arts». Ci-dessus, un portrait de l'abbé Grégoire attribué à David.

Les campagnes d'inventaire

Peu après, la commission temporaire des Arts adopte une «Instruction sur la manière d'inventorier et de conserver dans toute l'étendue de la République tous les objets qui peuvent servir aux arts, aux sciences et à l'enseignement». Elle rappelle aux administrateurs de la République leurs devoirs: «Vous n'êtes que les dépositaires d'un bien dont la grande famille a le droit de vous demander compte.»

Une double tâche d'inventaire et de conservation est confiée à un réseau de correspondants locaux; il leur revient le soin de décider du transfert de certains monuments dans les collections publiques ou de leur

22 L'APPARITION D'UNE CONSCIENCE PATRIMONIALE

maintien sur place avec surveillance directe. Jean-Baptiste Mathieu, président de la commission des Arts, définit leur champ d'investigation en leur recommandant : « Les monuments et les antiquités, restés intéressants, épargnés et consacrés par le temps, que le temps semble nous donner encore, parce qu'il ne les détruit pas, que l'histoire consulte, que les arts étudient, que le philosophe observe, que nos yeux aiment à fixer avec ce genre d'intérêt qu'inspirent même la vieillesse des choses et tout ce qui donne une sorte d'existence au passé. »

Ce souci aboutira l'établissement de nombreux inventaires à Bagatelle, Marly, Orsay, Saint-Cloud, Fontainebleau, ou au Trianon à Versailles ;

Propriété du prince de Condé, le château de Chantilly (ci-dessous) est décrit par Mercié en 1781 comme un lieu enchanté, « le plus beau mariage qu'aient jamais fait l'art et la nature ». Devenu bien national en 1790, il sert de prison pour les suspects pendant la Terreur. Le Grand château est adjugé en 1799 à la bande noire, et démoli. Reconstruit entre 1876 et 1882, il a été légué en 1886 avec toutes ses collections à l'Institut de France.

il contribuera aussi au sauvetage provisoire du château de Chantilly, de la tour Saint-Maclou à Mantes ou de la porte Saint-Denis menacée du fait de ses attributs royaux.

La publication en 1802 du *Génie du christianisme* appelle de nouveau l'attention publique sur le triste état des monuments religieux. Chateaubriand y met ses contemporains en garde contre le secret attrait qu'exercent paradoxalement sur chacun les monuments en ruines ; il oppose à la vue consolante des ruines qui témoignent des effets du temps celle, plus désespérée, des ruines qui résultent de l'ouvrage des hommes. « Les destructions des hommes, écrit-il, sont d'ailleurs plus violentes et plus complètes que celles des âges : les seconds minent, les premiers renversent. »

Pour les édifices réaffectés au culte, une période plus favorable semble s'ouvrir alors, fondée sur la réconciliation de l'Etat avec l'Eglise que scelle le Concordat signé en 1801. Celui-ci reconnaît que la religion catholique est celle de « la majorité des Français », et prévoit le rétablissement dans chaque église d'un « conseil de fabrique », chargé notamment de veiller à l'entretien et à la conservation de l'édifice. Seules les « grosses réparations » sont, aux termes du décret du 30 décembre 1809, du ressort

Les ruines de l'abbaye de Saint-Martin du Canigou, dans les Pyrénées Orientales (ci-dessus). Page de gauche, en haut, la porte Saint-Denis, à Paris, qui a échappé aux destructions révolutionnaires malgré ses emblèmes royaux.

L'enquête menée par Alexandre de Laborde sur *Les Monuments de la France classés chronologiquement et considérés sous le rapport des faits historiques et de l'étude des arts* paraît entre 1816 et 1836 (ci-contre le frontispice).

des communes proriétaires, les dépenses d'entretien et d'«embellissement» étant placées sous la responsabilité des fabriques. Inquiet de ce partage ambigu des attributions entre propriétaires et affectataires, et soucieux de préserver l'avenir du patrimoine aussi bien civil que religieux, le comte de Montalivet, alors ministre de l'Intérieur, transmet en 1810 à tous les préfets une circulaire d'un ton nouveau, inspirée par l'archéologue Alexandre de Laborde : elle prescrit l'établissement dans chaque département d'une liste des châteaux, des églises et abbayes dignes d'attention, et leur demande d'organiser le retour sur leur lieu d'origine des œuvres d'art dispersées ; elle leur recommande aussi d'instituer un réseau de correspondants en province pour organiser une constante vigilance.

Les résultats de cette enquête sont inégaux d'un département à l'autre et témoignent dans certaines régions de la présence active d'érudits qui seront, à partir des années 1820, à l'origine des premières sociétés archéologiques : Arcisse de Caumont en Normandie ou Alexandre du Mège à Toulouse contribuent tous deux à cet effort de recensement et vont faire redécouvrir à leurs contemporains l'art gothique jusque-là mal-aimé.

Arcisse de Caumont (photographie page de gauche), membre de la Société des Antiquaires de Normandie, née en 1823, puis fondateur en 1834 de la Société française d'Archéologie, est l'un des premiers à tenter d'analyser le développement de l'architecture à l'époque médiévale. Sans négliger les textes, il souligne la nécessité d'une description scientifique précise

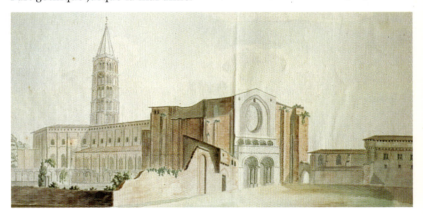

Grâce au succès que rencontre en 1832 son roman *Notre-Dame de Paris*, Victor Hugo donne à cette sensibilité nouvelle une large audience dans le public. La même année, il prend plaisir à clarifier en quelques lignes magistrales la loi morale qui commence à se formuler face aux actes de vandalisme qu'il a pu observer : « Quels que soient les droits de la propriété, la destruction d'un édifice historique et monumental ne doit pas être permise à ces ignobles spéculateurs que leur intérêt aveugle sur leur honneur. [...]
Il y a deux choses dans un édifice : son usage et sa beauté. Son usage appartient au propriétaire,

des monuments et contribue à en forger le vocabulaire. Alexandre du Mège agit de même au sein de la Société archéologique du Midi de la France : ses notes et dessins conservent de nombreuses traces d'édifices aujourd'hui disparus : ci-dessus, le cloître de l'abbatiale Saint-Sernin de Toulouse, démoli au début du XIXe siècle.

26 L'APPARITION D'UNE CONSCIENCE PATRIMONIALE

Joyau de la première Renaissance, dû au cardinal d'Amboise, le château de Gaillon (ci-dessus) est adjugé en 1797 comme bien

national à un dénommé Darcy, qui dépèce douze ans durant les bâtiments en soutenant que ce n'est «qu'un amas de pierres entassées sans goût et sans art» (ci-dessus, un fragment de boiserie).

Commencée en 1810 pour permettre le percement d'une rue à travers la nef, la destruction de l'abbatiale de Cluny (ci-contre) s'achève en 1823 avec la démolition de l'abside.

sa beauté à tout le monde ; c'est donc dépasser son droit que le détruire. »

Il réagit ainsi aux démolitions de monuments insignes qui se succèdent depuis le début du siècle : l'abbatiale de Cluny en Bourgogne est détruite en 1800, la cathédrale de Cambrai, mise en vente en 1796, perd en 1809 sa tour qui restait isolée ; les trois cloîtres romans toulousains de la Daurade, de la cathédrale Saint-Etienne et de l'abbaye de Saint-Sernin disparaissent en 1812 ; les châteaux de Gaillon et de Richelieu sont littéralement dépecés, puis laissés à l'abandon.

Le baron Taylor et Charles Nodier partagent un souci identique et décident, pour porter témoignage à leur tour, de lancer dès 1820 la publication de leurs *Voyages pittoresques et romantiques dans l'ancienne France*. « Nous serons les derniers voyageurs, écrivent-ils, dans les ruines de l'ancienne France qui auront bientôt cessé d'exister et dont l'histoire et les mystères seront perdus pour la génération suivante. »

François Guizot (1787-1874), joue un rôle décisif dans la fondation en 1833 de la Société de l'Histoire de France, destinée « à populariser l'étude et le goût de notre histoire nationale dans une voie de saine critique, et surtout par la recherche et l'emploi de documents originaux ». Malgré la richesse de l'action menée par la Société, Guizot souligne dans un rapport au roi daté du 31 décembre 1833 qu'il appartient au gouvernement d'« accomplir le grand travail d'une publication générale ».

La création de l'inspection des Monuments historiques

François Guizot, alors ministre de l'Intérieur, refuse ce constat de ruines inéluctables. Le 21 octobre 1830, il propose au roi Louis-Philippe, dans un rapport resté célèbre, la création d'un poste d'inspecteur général des Monuments historiques chargé de veiller à sauvegarder et à faire connaître l'« admirable enchaînement de nos antiquités nationales ».

Il aura pour tâche de « parcourir successivement les départements de la France, s'assurer sur les lieux de l'importance historique ou du mérite d'art des monuments, recueillir tous les renseignements qui se rapportent à la dispersion des titres ou des objets-accessoires qui peuvent éclairer sur l'origine, les progrès de

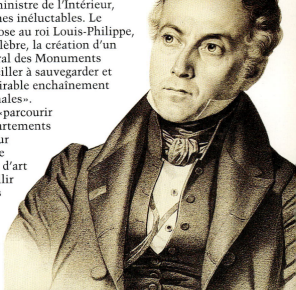

Entre 1820 et 1878 paraissent vingt-et-un volumes des *Voyages pittoresques et romantiques de l'Ancienne France* dus à Charles Nodier, Alphonse de Cailleux et au Baron Taylor. Cet ouvrage est le premier à utiliser la lithographie pour des vues de monuments, procédé jugé plus rapide que le burin et mieux à même de «fixer les inspirations libres, originales et rapides du voyageur qui rend compte de ses sensations». Ici les vues de Maguelonne (à gauche), de Saint-Martin du Canigou (ci-contre) et du château d'Assier dans le Lot (ci-dessous), toutes trois transcrites en lithographie par l'atelier d'Engelmann.

la destruction de chaque édifice, [...] éclairer les propriétaires et les détenteurs sur l'intérêt de leurs soins et stimuler enfin en les dirigeant le rôle de tous les conseils de département et de municipalité, de manière à ce qu'aucun monument d'un mérite incontestable ne périsse par cause d'ignorance et de précipitation, [...] de manière aussi à ce que la bonne volonté des autorités ou des particuliers ne s'épuise pas sur des objets indignes de leurs soins».

Le roi Louis-Philippe approuve la proposition de Guizot et nomme à ce nouveau poste un historien et critique d'art âgé de vingt-huit ans, Ludovic Vitet. La jeunesse du premier inspecteur général souligne l'aspect pionnier de l'aventure qui s'engage : la circonscription dont Ludovic Vitet est chargé représente l'ensemble du territoire français ; sa mission revient à dresser l'inventaire de ce qui compose à ses yeux la mémoire nationale et à veiller à assurer la transmission aux générations futures de cet héritage encore partiellement inédit. Pour relever ce défi, il est seul et ne dispose d'aucun moyen juridique, ni d'aucune structure administrative pour agir. Son rôle sera pourtant essentiel : en l'absence des mesures règlementaires ou des crédits nécessaires, Vitet choisit d'«agiter» les consciences. De décembre

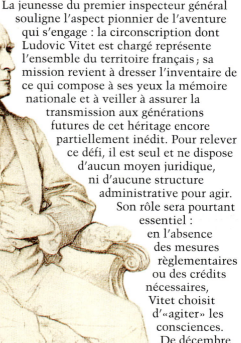

Dans un des ses premiers rapports d'inspection paru en avril 1831, Ludovic Vitet (à gauche) définit les deux tâches qui lui paraissent essentielles : inventorier et conserver. Auteur d'une monographie sur la cathédrale de Noyon, il contribue à réhabiliter l'art médiéval. Il est conscient cependant du vide juridique qui nuit à son action : «Si vous ne m'aidez pas d'un petit bout de loi, d'ici dix ans, il n'y aura plus un monument en France». Il définit pour la première fois l'état d'esprit dans lequel doivent travailler les architectes : «Il faut se dépouiller de toute idée actuelle, oublier le temps où l'on vit pour se faire le contemporain de tout ce qu'on restaure, des artistes qui l'ont construit, des hommes qui l'ont habité. Le premier mérite d'une restauration c'est de passer inaperçue.»

LES PREMIERS EFFORTS DE SENSIBILISATION : LUDOVIC VITET   31

1830 à 1834, il multiplie les déplacements dans le Nord, le Midi, le Centre et le Sud-Ouest. Il intervient afin de faire prendre les mesures qui s'imposent pour sauver de la démolition le cloître de Saint-Jean-des-Vignes à Soissons, l'hôtel de ville de Saint-Quentin, le baptistère Saint-Jean à Poitiers qu'il fait acheter par l'Etat. Il obtient la conservation du cloître de Moissac, menacé par le passage de la voie de chemin de fer, et réclame dès 1833 l'élaboration d'une loi pour donner au service naissant des Monuments historiques les moyens juridiques d'agir face à des propriétaires réticents.

Prosper Mérimée : un sceptique passionné

Elu en 1834 député de Bolbec, puis nommé secrétaire général du Commerce, Ludovic Vitet remet aussitôt sa démission à Thiers, qui choisit pour le remplacer Prosper Mérimée. Celui-ci, alors âgé de trente et un ans, partage sa vie entre ses activités de maître des

Vitet relève lors d'un de ses voyages des détails du portail de l'église Saint-Palais à Saintes (page de gauche, en haut), et réussit à sauver de la démolition le cloître de Moissac (ci-dessus) et l'hôtel de ville de Saint-Quentin (ci-dessous).

requêtes au Conseil d'Etat et ses premiers essais littéraires. Il accepte ce nouveau poste parce que celui-ci, écrit-il, «convient tout à fait à mes goûts, à ma paresse, à mes idées de voyage».

De 1834 jusqu'à sa nomination au Sénat en 1853, seule sa propension à la paresse demeurera insatisfaite. Grille de Beuzelin décrit le 1er décembre 1835 l'ampleur de la tâche confiée à Mérimée et à ses successeurs : «Chacun des inspecteurs devrait pouvoir élever les plans en architecte, dessiner les fragments en peintre, lire les anciennes chartes en archiviste, courir à cheval ou à pied en chasseur et de plus pour obtenir de l'unité, tous devraient avoir les mêmes principes en archéologie et le même système en histoire de l'art.»

Conscient des difficultés archéologiques, mais aussi politiques et financières que ce travail soulève, Mérimée se saisit de cette grande ambition avec une ardeur non dénuée d'humour, parfois même d'ironie et de scepticisme; il sillonne la France pendant ces vingt années en inventant jour après jour ce qui deviendra le service des Monuments historiques.

La commission des Monuments historiques, créée en 1837, reçoit pour principale mission de répartir entre les différents monuments jugés intéressants les fonds consacrés par l'Etat à leur sauvegarde. Dans ce but est inventée la notion toute nouvelle de «classement» afin d'établir une hiérarchie entre les édifices

«Souviens-toi de te méfier» : telle est la devise choisie par Mérimée qui souhaite afficher un scepticisme à toute épreuve et ne se laisser guider par aucune forme de subjectivité (à gauche, un autoportrait). «Lorsque je voyais ces monuments historiques, j'en étais le colonel, écrit-il plus tard; je regrette de les avoir étudiés trop officiellement. Je regardais les caractères de l'architecture, les additions, les réparations anciennes et l'ensemble poétique m'échappait.» Les croquis qu'il nous a laissés démentent cette image d'un homme qui se voulait indifférent, et qui en fait a refusé de s'associer à la

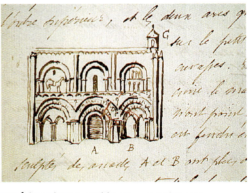

complaisance sentimentale et à la résignation funèbre qui dominaient parmi les premières générations de «voyageurs» et de «touristes».

examinés selon l'intérêt qu'ils représentent. Par ses multiples interventions et rapports devant cette commission, Mérimée lance les bases d'une réflexion en matière de choix de protection et de déontologie de la restauration. Simultanément il poursuit l'effort engagé par Vitet pour convaincre les responsables qu'une loi est nécessaire pour donner à l'action entreprise toute son efficacité.

Page de gauche, en bas, la façade de l'église de Civray et, ci-dessous, le fanal d'Esbron, deux croquis de Prosper Mérimée, tirés de ses rapports.

Il participe en outre aux travaux du «Comité des Monuments inédits de la littérature, de la philosophie, des sciences et des arts considérés dans leurs rapports avec l'histoire générale de la France», créé à l'initiative de Guizot en 1835 pour rechercher «tous les documents qui peuvent se rapporter à l'histoire morale et intellectuelle du pays» et réaliser une véritable statistique monumentale de la France. Il y siège aux côtés de Hugo, Cousin, Vitet, Le Prévost, Lenoir, Didron et n'hésite pas à s'amuser du romantisme administratif qui anime ces premières réunions. «J'estime, écrit-il en 1835, que nous en serons quittes avec deux cent cinquante ans de travail et neuf cents volumes de planches.»

Tout en publiant les nouvelles et romans qui allaient le rendre célèbre, *La Vénus d'Ille* en 1837, *Colomba* en 1840 et *Carmen* en 1845, il dénonce sans relâche tous les vandalismes et s'efforce d'obtenir que tous les édifices anciens sans exception soient soumis au contrôle de la commission des Monuments historiques. Il lutte ainsi contre les autres services publics propriétaires de monuments historiques, notamment contre le ministère de

la Guerre, pour obtenir que celui-ci libère certains édifices tels que le palais des Papes en Avignon, ou les Jacobins à Toulouse, qu'ils occupent et réutilisent de manière indigne. Il s'élève de même contre la présence de services pénitentiaires au Mont-Saint-Michel et à l'abbaye de Fontevrault. Il s'oppose aussi aux autorités locales, à Poitiers pour sauver la tour Saint-Porchaire, à Saintes pour conserver l'arc romain, ou à Tonnerre pour prévenir la disparition de l'Hôtel-Dieu. Il proteste en même temps contre la volonté d'embellissement qui anime les autorités ecclésiastiques et aboutit à la défiguration de certaines églises, comme Saint-Pierre de Chauvigny où le curé mure les fenêtres de l'abside, ou l'église de Saint-Florentin (Yonne) où le jubé est repeint.

Convaincu comme son prédécesseur de l'utilité de la poursuite des efforts de sensibilisation auprès d'un public croissant, Mérimée n'hésite pas cependant à exprimer ses craintes face aux non-sens auxquels peuvent aboutir certaines interventions dites de restauration quand celles-ci sont confiées à des personnes incompétentes : « Vous savez mieux que personne, Monsieur, écrit-il à Arcisse de Caumont en 1834, à combien d'ennemis nos antiquités ont été exposées. Les réparateurs sont peut-être aussi dangereux que les destructeurs. »

A Saintes, l'arc de Germanicus (ci-dessus) servait d'entrée à un pont du XIIIe siècle ; promis à la démolition, il a été remonté à son emplacement actuel à l'initiative de Mérimée. Saccagé sous la Révolution, le Palais des Papes en Avignon sert de casernement au XIXe siècle (ci-dessous) ; Malgré les éfforts de Mérimée, les autorités militaires ne consentent à quitter la place qu'en 1906.

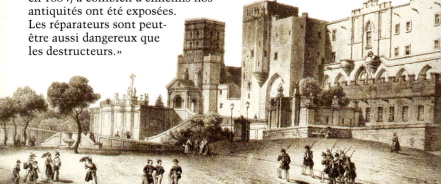

A sa demande, la commission des Monuments historiques fait appel à partir de 1840 à des architectes qu'elle choisit pour leur connaissance des structures architecturales anciennes, antiques ou médiévales. Questel est chargé de Moissac, Nîmes, Arles et des églises de Saint-Gilles et Tournus, Duban du château de Blois, Joly-Leterme de l'église de Saint-Savin et Viollet-le-Duc de Vézelay, Carcassonne, Saint-Sernin de Toulouse, et de l'hôtel de ville de Saint-Antonin-Noble-Val.

La restauration selon Viollet-le-Duc

Au-delà de ses propres chantiers, Viollet-le-Duc joue un rôle décisif dans l'élaboration de la doctrine de restauration des monuments historiques, alors en gestation au sein de la commission supérieure. Dans son *Dictionnaire raisonné sur l'architecture française du XIe au XVIe siècle*, il donne à l'article «Restauration» sa propre définition du terme: «Le Mot et la Chose sont modernes. Restaurer un édifice, ce n'est pas l'entretenir, le réparer ou le refaire, c'est le rétablir dans un état complet qui peut n'avoir jamais existé à un moment donné.» A ses yeux, subsistent parmi les édifices conservés certains monuments types sur lesquels il faut concentrer les crédits d'intervention, et tenter de mettre en valeur l'«unité de style» qui les caractérise. «Chaque édifice, ou partie d'édifice, doit être restauré dans le style qui lui appartient non seulement comme apparence, mais comme structure.» Sensible à l'enseignement d'histoire naturelle professé alors par Cuvier, il soutient que l'édifice médiéval est composé d'une structure logique dont les ajustements reposent sur la nécessité.

Il met en œuvre ses principes à la basilique de Vézelay et au palais synodal de Sens, où il fait disparaître les modifications du XVIIe siècle et reconstruit en 1877 la salle synodale dans l'état primitif qu'il imagine. Il rétablit,

Eugène Viollet-le-Duc (1814-1879) siège à la commission des Monuments historiques à partir de 1846 et occupe, de 1853 à 1874, le poste d'inspecteur général des édifices diocésains. A ce titre, il exerce un rôle déterminant sur le devenir des cathédrales françaises.

36 L'APPARITION D'UNE CONSCIENCE PATRIMONIALE

Viollet-le-Duc rétablit sur la croisée du transept de Notre-Dame de Paris la flèche abattue à la Révolution et pose sur les contreforts les symboles des évangélistes et les sculptures des douze apôtres, parmi lesquels il se fait représenter (ci-contre). C'est Mérimée qui l'avait appelé le premier, en 1840, pour restaurer l'église de la Madeleine de Vézelay (page de droite, en bas).

avec de Lassus, la flèche de la cathédrale
Notre-Dame de Paris, détruite en 1792,
et contribue au sauvetage de la cathédrale
d'Amiens, menacée d'un lent délabrement.

A Saint-Sernin de Toulouse, il choisit de
faire disparaître les mirandes, petites
ouvertures cintrées, créées à l'époque
gothique pour couronner les parties hautes
et ventiler la charpente, et réinvente un système
de toitures avec décrochement destiné à rendre
perceptible à l'extérieur les volumes intérieurs de
l'église. A la recherche d'une basilique idéale qu'il
souhaite réinventer, il remplace aussi les couvertures
en tuiles existant sur les chapelles du déambulatoire
et du transept par des dalles de pierre en grès de
Carcassonne à couvre-joints saillants, pensant qu'il
s'agit là d'un meilleur matériau. A Carcassonne, il
substitue de même aux tuiles-canal des couvertures
en ardoise en accentuant la pente des toitures et
donne ainsi une couleur et une verticalité nouvelles
à l'ensemble de la cité. Son talent pour la restitution
trouve son apogée au château de Pierrefonds où, sur
la demande de Napoléon III, il est amené à recréer
un château de la fin du XIVe siècle et en imagine
les moindres détails architecturaux et décoratifs.

Souvent dénaturés par ses détracteurs qui aiment
y voir un système théorique d'une grande rigidité,
les propos tenus par Eugène Viollet-le-Duc sur
la meilleure manière de restaurer les édifices
ont en fait beaucoup évolué au fil de ses
propres chantiers et des réflexions
que suscitaient chez lui ceux de
ses confrères ; ils n'échappent pas
parfois à certains paradoxes. Ainsi,
n'hésite-t-il pas à écrire : «Si
l'architecte agit au hasard, mieux
vaut qu'il s'abstienne. Mieux
vaut laisser mourir le malade que
le tuer», ou encore : «Rien n'est
périlleux comme l'hypothèse
dans les travaux de restauration»,
donnant par là-même à son propos
une éternelle actualité.

Dans le rapport qu'il présente en 1843 pour la restauration de Notre-Dame de Paris, Viollet-le-Duc propose de compléter les statues des rois mutilées en 1793 et le portail central transformé par Soufflot en 1771. «On ne peut laisser incomplète une page aussi admirable, sans risquer de la rendre inintelligible», écrit-il. Ci-dessus, un dessin de grotesque pour Pierrefonds.

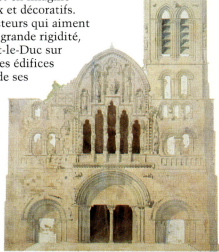

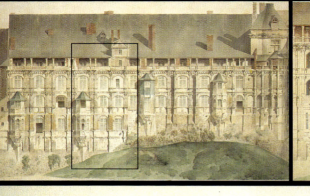

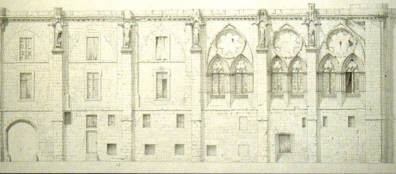
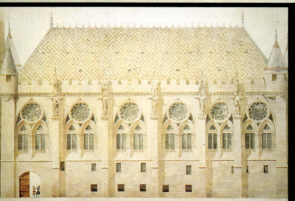

Félix Duban intervient pour restaurer la Sainte-Chapelle, le Louvre et le château de Blois où il propose un projet global portant sur les quatre ailes du château ; en haut la façade des Loges avant et un détail après travaux.

RESTAURATIONS, INTERPRÉTATIONS, CRÉATIONS 39

Au palais Synodal de Sens (page de gauche, en bas), Viollet-le-Duc supprime les ouvertures du XVIIᵉ siècle, et rétablit sur les six travées les grandes baies de l'étage. Il complète les créneaux et les tourelles d'angle et construit des voûtes sans que celles-ci soient fondées sur des traces archéologiques certaines. Au château de Pierrefonds, il choisit de rétablir en totalité ce qui a disparu et de réinventer les décors intérieurs (ci-contre, une cheminée) afin de «faire connaître cet art à la fois civil et militaire qui, de Charles V à Louis XI, était supérieur à tout ce que l'on faisait alors en Europe».

L e vandalisme ne prend pas pour seule cible les monuments bâtis, immeubles par nature. Il menace aussi les œuvres d'art ou les décors intérieurs qui peuvent, au gré de leur propriétaire ou des circonstances, être modifiés, détruits ou transférés, cela sans laisser aucune trace en place qui puisse en entretenir le souvenir. Parmi ces objets mobiliers, certains présentent pourtant une valeur insigne qui amène à les considérer comme de véritables «monuments historiques».

CHAPITRE II
L'INVENTION DES OBJETS-MONUMENTS HISTORIQUES

Mérimée découvrit en 1841 au château de Boussac, dans la Creuse, des tapisseries qu'il tenta alors en vain de faire acquérir par l'État mais il dut se contenter d'aider la commune à les restaurer. Ce n'est qu'en 1882 que cette tenture célèbre, connue sous le nom de *Dame à la licorne* (page de gauche), fut acquise par le musée de Cluny.

42 L'INVENTION DES OBJETS-MONUMENTS HISTORIQUES

De la galerie d'Ulysse à Fontainebleau, due au Primatice et abattue en 1738, on ne conserva pas le moindre fragment. Seuls quelques gravures et ce cabinet, dit de l'Odyssée, témoignent de la qualité de l'ensemble (ci-contre).

Parallèlement à l'attention portée à la conservation des immeubles, un intérêt marqué pour la sauvegarde d'objets mobiliers ou de décors remarquables se développe au cours du XIXe siècle. Il s'agit parfois de «meubles» proprement dits, sculptures, panneaux de bois peints, orfèvrerie, tapisseries…, parfois d'«immeubles par destination», qui se définissent comme des meubles attachés à perpétuelle demeure ; on a coutume de compter alors dans cette dernière catégorie les retables, les boiseries, les lambris, les vitraux et quelquefois même les peintures murales.

Objets et décors victimes de la mode

Ces objets plus ou moins mobiliers apparaissent parfois victimes de la simple fugacité de la mode. «La négligence et le trop peu d'amour que [les Français] ont pour les belles choses [sont] si grands qu'à peine sont-elles faites qu'on n'en tient plus de

La galerie de l'hôtel Brétonvilliers (ci-dessous) ne nous est aujourd'hui connue que par quelques gravures et les témoignages écrits de ceux qui ont pu l'admirer, notamment celui du cavalier Bernin qui vient la voir dès son arrivée à Paris.

compte, mais au contraire on prend souvent plaisir à les détruire», regrettait Poussin en 1642.

La galerie d'Ulysse décorée par le Primatice au palais de Fontainebleau est abattue en 1738 alors qu'elle avait pendant deux siècles servi de modèle à de nombreux peintres. La galerie de l'hôtel Bretonvilliers, dans l'île Notre-Dame à Paris, chef-d'œuvre de Sébastien Bourdon, est entièrement détruite, comme la galerie de l'hôtel de Toulouse reconstituée en copie après avoir été démolie. Le décor créé par Philippe de Champaigne et Simon Vouet pour la galerie des Hommes illustres du Palais-Royal subit le même sort, à l'exception des effigies qui ornaient les murs, sauvées par l'intérêt qui s'attache souvent aux portraits historiques. Ces dispersions d'ensembles décoratifs homogènes contribuent à enrichir collections publiques et privées, françaises ou étrangères.

Les autorités ecclésiastiques sont elles aussi sensibles à l'évolution du goût du jour. Dans ses *Observations sur l'Architecture* publiées en 1765, l'abbé Laugier décrit la cathédrale d'Amiens comme «défigurée par un horrible jubé, par un retable d'autel grossier et monstrueux, par des dossiers de stalles chargées d'un amas de petits colifichets tudesques».

Sur la suite des vingt-cinq portraits qui jalonnaient la galerie des Hommes illustres du Palais Royal, six seulement nous sont parvenus dont celui de Gaucher de Châtillon (ci-dessus), peint par Vouet, et aujourd'hui conservé au musée du Louvre.

Une fois le jubé détruit, et le retable d'autel supprimé, il regrette que les dossiers des stalles aient été maintenus : «Jusqu'à présent on n'a pu gagner sur

Le détail d'une claire-voie du buffet d'orgue de l'église Saint-Alain à Lavaur (ci-dessus) révèle les polychromies du XVIe siècle dissimulées au XVIIIe siècle sous un épais vernis au brou de noix. Ci-contre, l'une des tapisseries de l'Apocalypse d'Angers.

L'ancien jubé en pierre de la cathédrale d'Auch (ci-dessous), réalisé en 1665-1671 par Gervais Drouet, fut détruit en 1859 et remplacé par un simple lambris peint.

l'esprit de messieurs les chanoines de sacrifier ces informes dossiers ; ils y tiennent par préjugé et par habitude. Il est vrai que le bois est découpé comme si c'était un ouvrage de cire. Malgré cela, si ces dossiers ne sont pas abattus, jamais ce beau chœur ne sera décoré d'une manière convenable. Il est impossible que les ornements que l'on doit placer dans le sanctuaire soient jamais d'accord avec cette menuiserie gothique. Faut-il qu'un aveugle amour pour les antiquaires lutte encore contre les principes du bon goût qui ordonnent leur destruction ?»

Si les stalles de la cathédrale d'Amiens ont échappé au sort que leur promettait l'abbé Laugier, d'autres ont disparu, victimes de ces nouveaux principes du «bon goût». Les jubés des cathédrales de Rouen, Chartres, Bourges, Sens sont abattus ; ceux de Limoges et Bordeaux réemployés en tribunes d'orgues. Au même moment sévit l'habitude de «blanchir» les murs et les voûtes des églises et de recouvrir ainsi les peintures murales médiévales, réservant à notre siècle le plaisir de pouvoir parfois les remettre au jour. Les buffets d'orgue

LES PERTES DUES AU FANATISME 45

polychromes de Lavaur dans le Tarn et Monesties en Auvergne, du début du XVIe siècle, sont passés au brou de noix, la tendance privilégiant les surfaces unies rappelant la couleur de leur structure en bois. A Angers, les chanoines décident en 1767 de rouler dans un coffre de fer les célèbres tapisseries de l'Apocalypse léguées par le roi René en 1474 à la cathédrale Saint-Maurice, parce que leur présence cause aux voix «un très grand préjudice»; elles sont ainsi en partie mises aux enchères en 1782 sans trouver preneur.

Les œuvres menacées par leur signification

D'autres œuvres disparaissent sous l'effet non pas de la mode, mais victimes de réactions iconoclastes qui visent en les détruisant à contester leur signification symbolique et leur légitimité. On assiste ainsi pendant les guerres de Religion à la disparition massive d'objets sacrés ou de sculptures religieuses liées au culte des saints, remis en cause par la religion réformée. La cathédrale de Meaux est saccagée en 1562 ; le jubé, la clôture d'albâtre du chœur, les stalles et les reliquaires y sont détruits, ainsi qu'à l'extérieur la plupart des statues qui garnissaient les trumeaux et les piédroits des portails. Les cathédrales d'Auxerre, Bayeux, Bourges, Lyon et Orléans sont elles aussi sévèrement touchées, et rares sont les églises qui traversent intactes ces années de violence.

Un vandalisme «jacobin» succède à partir de 1789 au fanatisme religieux de la fin du XVIe siècle ; toutes les œuvres, livres, manuscrits, médailles, peintures, sculptures présentant des symboles de l'Ancien Régime, qui, aux termes d'un décret de septembre 1792, «offusquent le regard» d'un peuple libre, sont alors menacées de disparaître. Le mobilier et les objets d'art du château de Versailles sont vendus et dispersés du 25 août 1793 au 11 août 1794,

A la cathédrale d'Amiens, les stalles (ci-dessous) menacées par «les principes du bon goût» définis au XVIIIe siècle par l'abbé Laugier ont échappé au sort que celui-ci leur promettait.

ainsi que ceux des châteaux de Montreuil, Marly, Rambouillet, Saint-Cloud, Fontainebleau ou Chantilly. D'autres ventes ont lieu après saisie de biens de condamnés ou d'émigrés, ou considérés comme tels : l'ensemble des collections et du décor intérieur des châteaux de Saint-Germain-en-Laye et de Maisons, propriétés du comte d'Artois, d'Anet et de Sceaux, appartenant au duc de Penthièvre, est attribué par lots au plus offrant. Les évêques, curés, fabriques et confréries sont invités à faire porter à l'hôtel des Monnaies le plus proche toute l'argenterie des églises qui ne serait pas nécessaire à la «décence du culte divin». Un décret du 10 septembre 1792 complète ces dispositions en invoquant le salut public et la patrie en danger, et considère que «les ustensiles en or et en argent employés au service du culte dans les églises conservées sont de pure ostentation et ne conviennent nullement à la simplicité qui doit accompagner ce service». Dans chaque édifice a lieu un inventaire de tous les éléments précieux convertis en monnaie pour servir au «paiement du prêt des différentes armées françaises».

Moyen expéditif du peuple français pour démeubler un aristocrate. Bruxelles 1790.

«Nos bibliothèques, nos cabinets, nos dépôts d'art sont menacés», proclame le 27 octobre 1793 le mathématicien Romme devant la Convention, inquiet des pillages qui se multiplient de manière arbitraire.

A Conques, le Trésor de l'abbaye est sauvé grâce à l'ingéniosité des habitants du village, qui simulent un vol afin d'éconduire à leur arrivée les intendants révolutionnaires chargés de réquisitionner les objets précieux (à gauche, une aquarelle de Formigé figurant la Majesté Sainte-Foy).

Eglises, cathédrales et abbayes perdent alors une grande partie de leurs «Trésors», dont seuls quelques rares inventaires et gravures gardent la trace. La commission des Monuments historiques tente en vain de sauver les châsses et reliquaires, «dont le prix de façon surpasse ou même ne fait qu'égaler la valeur de la matière». Ces critères de choix ne sont pas appliqués. Perdant leur vocation cultuelle, ces objets précieux jouent à nouveau leur rôle de simple réserve monétaire susceptible d'être réalisée lorsque les circonstances l'exigent.

Devant les églises désaffectées s'organisent régulièrement des processions anticléricales (en bas) qui tournent en dérision les objets liés à l'exercice et à l'ornement du culte.

Les réflexes de sauvegarde : le musée des Monuments français d'Alexandre Lenoir

Dans son dépôt des Petits-Augustins, Alexandre Lenoir recueille tous les objets mobiliers provenant des biens nationaux, destinés soit à la vente aux enchères publiques, soit à la constitution d'un Muséum national. Beaucoup d'entre eux n'y entrent que pour ressortir aussitôt : parmi les œuvres soustraites à la vente, les tableaux sont progressivement transférées au Louvre, et le dépôt se trouve peu à peu consacré à la sculpture. Lenoir le transforme en véritable jardin-Elysée organisé selon une mise en scène originale qui prend quelques libertés au regard de l'histoire. Il n'hésite pas à assembler dans des remontages qu'il invente

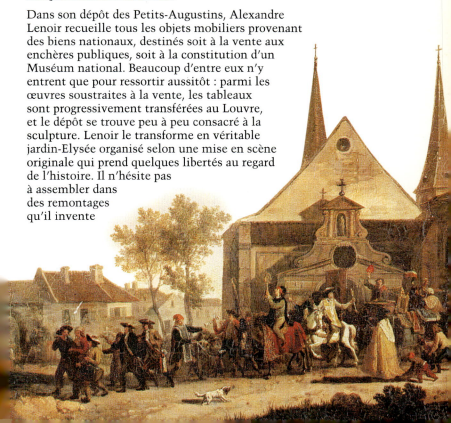

des morceaux de sculptures ayant appartenu à des monuments différents.

Sa présentation reçoit sa consécration le 21 octobre 1795, quand le Comité d'Instruction publique transforme le dépôt en musée des Monuments français. Le programme d'un musée historique et chronologique, «où l'on retrouvera les âges de la sculpture française dans les salles particulières en donnant à chacune le caractère, la physionomie exacte du siècle qu'elle représente», est officiellement accepté. Il nourrira l'imaginaire de toute une génération d'historiens et d'artistes. «David était là, écrit Lenoir, Ingres venait y dessiner, Percier

y fréquentait assidûment.» Michelet, quarante ans plus tard, avoue la force de ce souvenir qui le suit depuis l'enfance : «Que d'âmes ont pris dans ce musée l'étincelle historique, l'intérêt des grands souvenirs, le vague désir de remonter les âges!»

Malgré le succès qu'il obtient auprès du public, le musée des Petits-Augustins de Lenoir est dispersé en 1816 à la suite d'une vive polémique : Quatremère de Quincy dénonce les transferts abusifs d'œuvres soustraites à leur contexte pour être présentées dans

«Je me rappelle encore l'émotion toujours la même et toujours vive qui me faisait battre le cœur quand tout petit, j'entrais sous ces voûtes sombres et contemplais ces visages pâles, et que j'allais et cherchais, ardent et anxieux, craintif, de salle en salle et d'âge en âge. A la puissance de la Révolution, tout un monde de morts historiques était venu se rendre à cette vallée de Joséphat. Pour la première fois, l'ordre régnait sur eux, le seul

vrai, celui des âges. La France se voyait enfin elle-même dans son développement de siècle en siècle et d'hommes en hommes.» (Michelet). A gauche une salle et ci-contre le jardin du musée d'Alexandre Lenoir (portrait ci-dessous).

un musée. «Il est contraire à la civilisation de mobiliser l'œuvre d'art, écrit-il. Elle est propriété nationale, inaliénable [...]. Le musée est la fin de l'art. Les artistes n'y reçoivent que des leçons mortes.» Ces arguments aboutissent à la restitution des monuments qui y avaient été rassemblés aux églises et aux familles.

50 L'INVENTION DES OBJETS-MONUMENTS HISTORIQUES

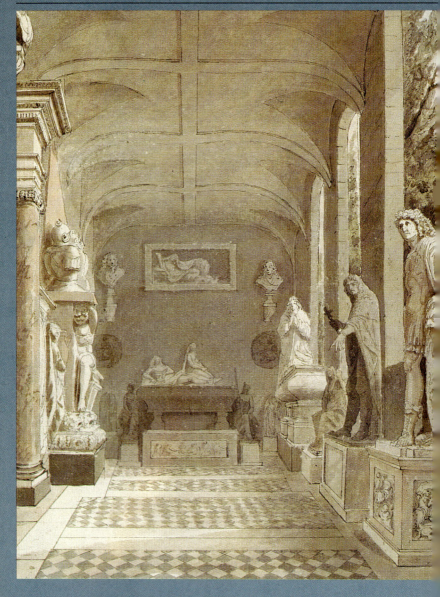

UNE MUSÉOGRAPHIE CONTESTÉE 51

Les remontages muséographiques imaginés par Lenoir – ici les salles consacrées au XIIIe et au XVIIe siècle – ont été d'autant plus contestés que l'idée même de transférer les œuvres menacées au musée pour les sauvegarder était mal acceptée. L'habitude qu'avait Lenoir de commander à des sculpteurs les bustes de ceux qu'il considérait comme les réprouvés de l'Ancien Régime procède quant à elle d'une logique commémorative. Il fait élever des monuments à Molière ou La Fontaine, dispersés lors de la fermeture du musée, tout comme le mausolée d'Héloïse et Abélard (ci-contre), qui est transféré au Père-Lachaise.

Des premiers inventaires aux listes

Les premières enquêtes préfectorales, lancées à partir du début du XIXe siècle, prennent en compte au même titre meubles et immeubles. Les listes établies en 1840, 1846, 1862 et 1875 font de même. Pour les objets comme pour les édifices, elles ne répondent à aucune démarche systématique ; elles se fixent pour seul objectif de noter, au fur et à mesure de l'apparition des urgences signalées, les éléments jugés remarquables, dont la sauvegarde est souhaitée. Il s'agit parfois d'œuvres déjà célèbres, parfois d'objets ou de décors plus inédits repérés au fil de tournées par Ludovic Vitet ou Prosper Mérimée. Ils en soulignent alors à la fois l'intérêt, la beauté et la fragilité.

Mérimée fait inscrire sur les listes le *Christ du Jugement dernier* (XIIIe siècle) provenant de l'abbaye de Charroux, qu'il trouve «renversé dans la boue, exposé aux injures de l'air et aux outrages des enfants», ou le panneau du *Couronnement de la Vierge* d'Enguerrand Quarton de l'hospice de Villeneuve-lès-Avignon. Il alerte la commission des Monuments historiques sur les menaces pesant sur certains éléments : il insiste pour que la broderie de Bayeux comme les gisants des Plantagenêts

Inquiet pour la sécurité de ce Christ provenant de l'ancien portail gothique de l'abbaye de Charroux (ci-dessus), Mérimée propose sa mise à l'abri au musée de Poitiers. Il est aujourd'hui présenté *in situ* à Charroux, dans l'ancienne salle capitulaire.

LE REPÉRAGE DES ŒUVRES REMARQUABLES 53

conservés à Fontevrault soient inscrits sur les listes, craignant que les incessantes revendications sur ces deux ensembles par les autorités britanniques obtiennent finalement gain de cause. Il intervient de même pour assurer le sauvetage des tapisseries de la *Dame à la licorne*, qu'il découvre lors de son passage en 1838 au château de Boussac dans la Creuse, certaines d'entre elles ayant déjà été découpées pour couvrir des charrettes ou pour servir de tapis. Il regrette aussi les dégradations du tombeau du pape Innocent VI à Villeneuve-lès-Avignon, dont le soubassement est réutilisé en armoire.

L'architecte Morin relève en 1842 les dispositions des tapisseries de la *Dame à Licorne*, encore en place au château de Boussac, devenu sous-préfecture (ci-dessus).

Le musée des Thermes et de Cluny

La création du musée des Thermes et de Cluny, à l'instigation du collectionneur Alexandre du Sommerard, et son rattachement de 1848 à 1907 à la commission des Monuments historiques aboutissent bientôt à la renaissance d'un dépôt national de meubles et d'objets d'art organisé en musée historique. Les œuvres d'art intéressantes, dont la conservation paraît menacée, y trouvent parfois refuge après acquisition par l'Etat : les tapisseries

Alexandre du Sommerard, le créateur du musée de Cluny, se décrit lui-même sous les traits «d'un vieux maniaque des âges plus vieux encore, blotti sous des ruines enfumées semi-romaines, semi-gothiques , qui veut faire apprécier tout ce que nos arts anciens comportaient de science et de poésie», par une «exhibition d'aspect insolite». Ci-contre, une salle du musée de Cluny au XIXe siècle.

Page de gauche, en bas, un détail de la broderie de la reine Mathilde (XIIe siècle), conservée à Bayeux.

54 L'INVENTION DES OBJETS-MONUMENTS HISTORIQUES

de la *Dame à la licorne* entrent dans les collections du musée en 1882.

La commission des Monuments historiques favorise ces transferts quand les objets ont perdu leur édifice d'origine : elle réaffirme simultanément le principe de leur maintien *in situ* quand les monuments qui les abritent sont conservés. Edmond du Sommerard, fils d'Alexandre, dont la collection forme le premier fonds du musée de Cluny, préfère lui-même plaider en faveur d'une subvention à la commune de Villefranche-de-Rouergue pour la restauration d'un retable, plutôt que d'accepter son acquisition et son dépôt au musée de Cluny. Le baron Taylor, Le Prévost, Denis, ses confrères provinciaux au sein de la commission supérieure, veillent en outre à ce que les objets d'art trouvés dans les fouilles ne soient pas réservés à Paris, comme le prévoyait une circulaire du 13 mai 1838, mais viennent enrichir les collections des musées les plus proches.

La sensibilisation du public

Dans la seconde moitié du XIXe siècle apparaît un intérêt de plus en plus large pour les objets d'art ; les Expositions universelles organisées à Londres en 1851, puis à Paris en 1855, permettent à un grand nombre de visiteurs de découvrir des œuvres remarquables, et de s'initier au secret de leur fabrication. Le *Dictionnaire du mobilier* en six volumes, publié en 1863 par Viollet-le-Duc, souligne la cohérence qui existe entre meubles et immeubles dans l'art gothique, et révèle la richesse intérieure de certains édifices. Cette grande ambition pédagogique trouve son prolongement dans l'ouverture en 1879, au Trocadéro, du musée des Sculptures comparées, qui offre au public, à partir de moulages, un parcours couvrant la sculpture monumentale française. En organisant autour de ces œuvres un véritable plaisir visuel, ces premières expériences muséographiques favorisent la prise en compte simultanée, au regard du patrimoine des édifices, de leur décor peint ou sculpté et de leur mobilier. Les premiers arrêtés de classement destinés

Inspiré par Viollet-le-Duc, le musée des Sculptures comparées du Trocadéro ouvre ses portes en 1882 (ci-dessus, la salle du XVIIIe siècle). Destiné d'abord à favoriser à partir de moulages une comparaison entre les sculptures antiques et médiévales, afin de démontrer qu'elles sont de qualité égale, le musée est consacré à partir de 1933 au seul art monumental français. Les moulages d'art antique en sont

LES MUSÉES DE CLUNY ET DU TROCADÉRO 55

exclus et sont remplacés par des nouvelles empreintes de sculptures, des copies de peintures murales et des maquettes d'architecture.

Dans la première partie de son *Dictionnaire raisonné du mobilier français de l'époque carolingienne*, Viollet le Duc évoque à l'article «formes» l'emploi de cette expression pour désigner les bancs divisés en stalles avec appui, dossier et dais (ci-dessous).

à concrétiser cette action de sauvegarde sur les œuvres d'art apparaissent à partir de 1880, alors qu'aucune loi ne définit encore juridiquement la portée du «classement», pourtant ainsi mentionné depuis 1836. Le plus ancien d'entre eux concerne, le 7 septembre 1880, les vitraux du XVIe siècle de la *Légende de Sainte-Madeleine* à l'église de Sablé-sur-Sarthe, promise à la démolition. Il fait suite à la mobilisation des habitants qui exigent que ces verrières soient déposées et remises en place dans la nouvelle église dont la construction leur a été promise. Les arrêtés de classement suivants portent notamment sur les retables de bois peint du XVe siècle de Ternant, illustrant la Passion, les jubés de Villemaur (Marne) et de Fromentières, classés en 1881, la Majesté de Sainte-Foy de Conques et le triptyque de Moulins.

La force de deux lois : 1887 et 1913

Inspiré par la commission des Monuments historiques qui y réfléchit depuis longtemps, un premier texte sur la protection des monuments historiques est adopté en 1887. Cinq ans plus tôt, le palais des Tuileries, incendié en 1871, était vendu par adjudication pour être démoli alors qu'Eugène Viollet-le-Duc avait souligné dès 1876 qu'il était encore possible de le sauver.

La loi du 30 mars 1887 spécifie que les immeubles par nature comme les immeubles par destination ou objets mobiliers appartenant à des personnes publiques ou privées, dont la conservation peut avoir au point de vue de l'histoire ou de l'art un « intérêt national », peuvent être classés en totalité ou en partie par les soins du ministre de l'Instruction publique et des Beaux-Arts. Elle pose comme principe que l'immeuble classé ne pourra être détruit, même en partie, ni être l'objet d'un quelconque travail de restauration sans le consentement du ministre, et prévoit des sanctions civiles en cas de non-respect de cette règle. Elle prévoit aussi le classement d'office, par décret en Conseil d'Etat, des biens appartenant à des collectivités publiques si celles-ci s'entêtent à refuser le classement.

L'adoption de ce texte législatif n'empêche cependant pas la poursuite de la lente mais inquiétante dégradation de ces premiers édifices jugés d'importance nationale. Le sort du patrimoine religieux émeut particulièrement Maurice Barrès qui dénonce en 1914, dans son ouvrage resté célèbre, *La Grande Pitié des églises de France*. La loi de 1887 ne réussit pas non plus à éviter le mouvement

Parmi les premiers objets classés « monuments historiques » figurent essentiellement des retables (ci-dessus, celui de Ternant en Bourgogne), des tableaux et des polyptyques, des tapisseries, des piétas et des mises au tombeau, ainsi que des œuvres d'orfèvrerie.

d'exportation vers les Etats-Unis d'importants fragments sculptés provenant notamment des cloîtres de Saint-Michel de Cuxa et de Saint-Guilhem-le-Désert en Roussillon, vendus sur place par des marchands de matériaux au sculpteur américain George Grey Barnard qui les transporte outre-Atlantique. Le Metropolitan Museum a acheté cette collection et construit un musée à New York – les Cloisters – pour l'abriter. Pour prévenir de telles entreprises concertées de dépeçage d'édifices appartenant au patrimoine national, une nouvelle loi est votée le 31 décembre 1913 ; elle se révèle plus audacieuse à l'égard du droit de propriété et renforce la portée du classement en prévoyant des sanctions civiles et pénales en cas de travaux effectués sans autorisation ; l'usage du classement d'office à l'égard

Chargé d'examiner en 1876 le palais des Tuileries en ruines (ci-contre), Viollet-le-Duc remarque que, malgré la violence du violent incendie qui l'a ravagé en 1871, et qui a entraîné la chute des voûtes et des très lourdes charpentes, les murs extérieurs «ne présentent ni une lézarde de quelque importance, ni le moindre déversement». Il précise : «On est actuellement assuré de pouvoir, sans être entraîné à de trop fortes dépenses, consolider les murs extérieurs de telle sorte qu'ils présentent toutes les garanties de résistance et de durée.» Après onze ans de discussions, le palais, jugé de qualité «hybride» mais aussi symbole de la monarchie, est finalement détruit.

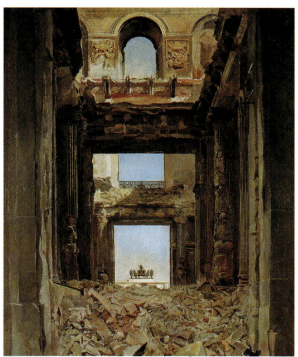

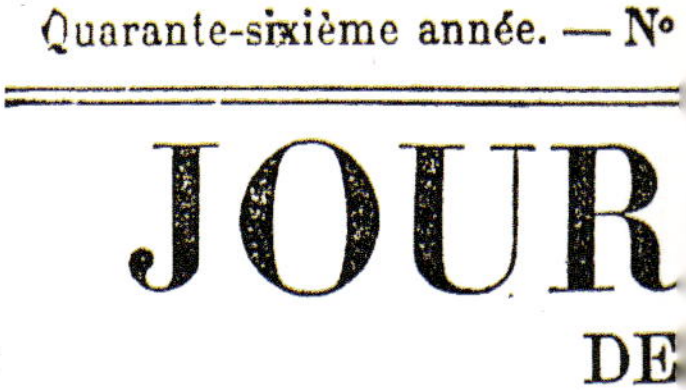

de propriétaires privés réticents y apparaît pour la première fois, ainsi que la possibilité de mettre en demeure ces mêmes propriétaires de réaliser les travaux nécessaires à la conservation du monument classé. Le champ du classement est élargi, la loi n'exigeant plus un intérêt national mais un intérêt public pour le classement au point de vue de l'histoire ou de l'art. Le texte de 1913 présente en outre l'originalité de prendre en compte pour la première fois les objets propriétés privées, prévoyant même en cas d'absence de consentement de la part du propriétaire une possibilité de classement d'office par décret en Conseil d'Etat.

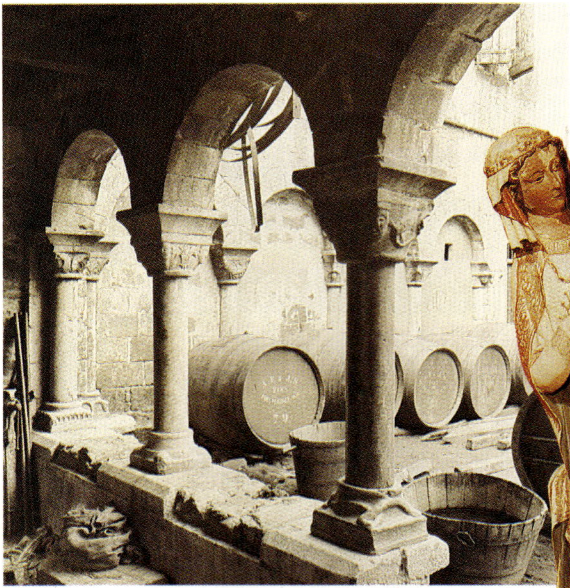

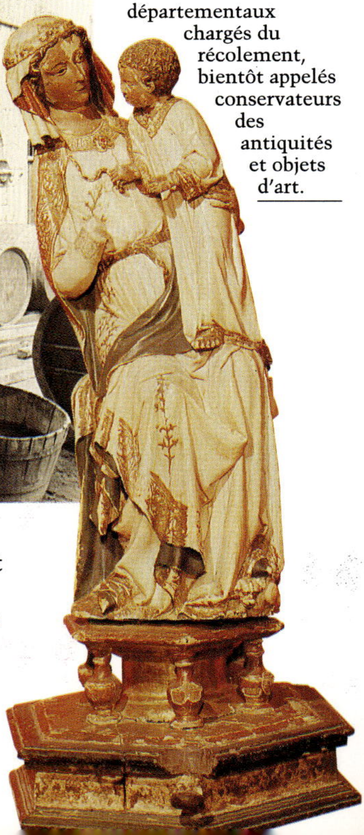

Comme celle de 1887, la loi de 1913 traite de la protection des immeubles mais aussi des meubles qui, ainsi que s'en est expliqué le rapporteur de la loi Théodore Reinach, sont considérés sous la même appellation de «monuments historiques». Les rares

La Vierge en ivoire de Villeneuve-les-Avignon (ci-dessous). Le repérage d'œuvres de cette qualité s'accélère après 1905 : l'établissement des inventaires est permis par l'apparition en 1908 des nouveaux conservateurs départementaux chargés du récolement, bientôt appelés conservateurs des antiquités et objets d'art.

mesures de classement d'objets prises depuis 1880 se multiplient au lendemain de la loi du 30 mars 1887, qui limite cependant le classement aux seuls objets propriétés publiques, présentant un intérêt national.
Le mouvement s'intensifie encore à partir de la nomination en 1893 de Paul-Frantz Marcou, en qualité d'inspecteur général adjoint chargé d'organiser le nouveau service des Objets mobiliers auprès de la commission des Monuments historiques.

L'urgence due à la loi de séparation

La séparation de l'Eglise et de l'Etat, en 1905, bouleverse le cadre et le rythme des classements : la loi du 9 décembre prononce pour un délai de trois ans le classement de tous les objets mobiliers antérieurs à 1800 garnissant les édifices du culte, avec faculté de ne pas maintenir après examen le classement de certains d'entre eux. De 4 000 objets mobiliers classés avant 1905, on est passé ainsi à plus de 30 000 en 1913. Cette soudaine urgence concentre l'attention sur les objets religieux et laisse souvent dans l'ombre le patrimoine civil, jugé moins immédiatement menacé et aussi plus difficile à connaître et à protéger du fait des fréquentes réticences exprimées par les propriétaires privés. Aujourd'hui, les objets religieux représentent encore 95 % du patrimoine mobilier classé, alors que les édifices cultuels ne constituent que 49 % des monuments classés. Ce décalage est appelé à diminuer si le mouvement de prise en compte des riches ensembles mobiliers et des collections historiques attachés à des édifices remarquables se poursuit, et si l'intérêt porté aux «nouveaux patrimoines» se confirme.

LOI sur les monuments historiques.
Le Sénat et la Chambre des députés ont adopté.

«Comment ne pas plaindre les œuvres arrachées à leur matrice, sevrées de leur terroir natal, et de leur climat, soumises à une promiscuité qui leur enlève leur caractère exceptionnel», s'interroge Viollet-le-Duc dès 1847. La question est d'autant plus poignante quand il s'agit d'œuvres exportées en-dehors des frontières nationales, comme les éléments sculptés du cloître de Saint-Geniès des Fontaines, qui se trouvent aujourd'hui aux Etats-Unis (page de gauche, le cloître avant son dépeçage).

Choisir ce que l'on veut conserver et transmettre aux générations à venir revient à déterminer ce que l'on décide d'oublier et de laisser disparaître. Ces choix ont considérablement évolué depuis le XIXe siècle, prenant progressivement en compte les expressions nouvelles d'une sensibilité patrimoniale toujours en mouvement.

CHAPITRE III
LES NOUVEAUTÉS DE LA MÉMOIRE

Quasiment inconnu à cette époque, Gustave Moreau réalise en 1862 quatorze toiles formant un chemin de Croix pour l'église toute neuve de Decazeville en Aveyron (ci-contre). L'ensemble est classé «monument historique» en 1965, la même année que la villa Savoye (page de gauche), construite par Le Corbusier à Poissy, et sauvée in extremis de la démolition grâce à une pétition internationale.

Lorsque la loi du 31 décembre 1913 est adoptée, le patrimoine dit classé se compose de 4 800 monuments (la première liste de 1840 n'en comptabilisait que 1 090). Parmi ceux-ci figurent essentiellement quelques grottes ornées comme celles de Font-de-Gaume et des Combarelles aux Eyzies-de-Tayac, ou celle de Niaux en Ariège,

des mégalithes situés à Carnac et Gabrinis dans le Morbihan ou à Pépieux dans l'Aude, de nombreux vestiges antiques, et enfin d'importants monuments médiévaux. Les bâtiments datés de la Renaissance apparaissent alors plus rares, ainsi que les témoins des XVIIe et XVIIIe siècles. Seuls sont mentionnés certains édifices appartenant à l'Etat ou à des communes, et déjà affectés à un usage public : on y découvre ainsi les châteaux de Ham ou de Vincennes occupés par les services de la Guerre, ceux de Thouars et de Loches utilisés en prisons, de Chambéry ou de Rochechouart abritant préfecture et sous-préfecture, ou le palais de Justice de Rennes bâti par Salomon de Brosses. Parmi les monuments postérieurs au Moyen Age, et classés par la loi de 1913, figurent aussi les palais nationaux, notamment les châteaux de Versailles et de Maisons, le Louvre ou le Luxembourg.

Le XIXe siècle est, dans la liste de 1913, le plus grand absent : une dizaine de monuments seulement le représentent, parmi lesquels l'église Saint-Jean-de-Montmartre d'Anatole de Baudot, bâtie en 1902 et classée en 1906. Cette faible représentation parmi les monuments classés des siècles postérieurs au Moyen Age témoigne de l'influence encore agissante de Viollet-le-Duc. Celui-ci explique, dans ses *Entretiens sur l'Architecture*, son peu de goût pour l'architecture classique et notamment pour la superposition des

Découverts en 1912 dans la grotte du Tuc d'Audoubert à Montesquieu-Avantès, les Bisons d'argile sont des modelages exécutés à l'époque magdalénienne. Dès 1835, Mérimée reconnaît l'urgence d'une protection des «pierres druidiques» et des alignements de Carnac (ci-dessous), formés de menhirs et de tumulus-dolmens, mis en place au néolithique.

ordres antiques. «Ces ordres superposés, qu'ils fussent très riches ou très simples, divisaient les bâtiments comme un échiquier; formaient, à distance, un assemblage de lignes horizontales (les entablements) et de lignes verticales (les pilastres ou colonnes) qui fatiguaient les yeux par leur uniformité, surtout dans un pays comme le nôtre où l'on aime avant tout la variété et l'imprévu.» Il réagit ainsi à l'enseignement alors dispensé à l'Ecole des Beaux-Arts. A l'art gothique qu'il présente comme «un art indépendant, national, démocratique, qui se pliait à tous les besoins», il aime à opposer le «mode majestueux», «colossal», «tyrannique», qui caractérise à ses yeux l'architecture réalisée sous le règne de Louis XIV qu'il juge uniforme et hors d'échelle. Il confie d'ailleurs ouvertement le soin de comprendre et de protéger ces édifices plus récents à ses successeurs: «Laissons mes arrière-neveux démêler comme ils pourront l'étrange confusion de nos arts modernes, expliquer ce luxe de mauvais aloi, cette pauvreté d'invention cachée sous l'amas des dorures et d'ornements pillés partout; ce sera leur affaire, ce n'est point la nôtre.» Ce jugement sévère concerne aussi à ses yeux l'architecture du siècle qui est le sien et qu'il juge trop peu homogène pour être classée au même titre que des édifices insignes des siècles antérieurs.

Elève de Viollet-le-Duc, Anatole de Baudot exécute des restaurations notamment à Vincennes, à Blois et à la cathédrale de

Clermont. Il introduit le ciment armé et construit l'église Saint-Jean de Montmartre (ci-dessus), qui est classée monument historique dès 1906, quatre ans après sa construction.

Une mémoire qui rajeunit

A partir des années 1920-1930, s'élargit de manière rapide l'éventail des monuments protégés : les XVIe et surtout XVIIe et XVIIIe siècles se voient réhabilités ; le palais des Rohan construit de 1731 à 1742 par Robert de Cotte à Strasbourg est classé en 1920 ainsi que l'église Sainte-Geneviève, à Paris, transformée pendant la Révolution en Panthéon par Soufflot et Quatremère de Quincy ; l'ancienne Saline royale d'Arc-et-Senans, bâtie par Claude-Nicolas Ledoux en 1775, échappe de justesse à la démolition en 1926 grâce à un classement d'office : la veille de la signature du décret, son propriétaire, hostile à toute conservation, avait fait disparaître à l'aide de dynamite la colonnade qui la complétait. Les édifices portant les marques de remaniements successifs et jugés jusque-là d'inspiration trop composite pour appartenir au patrimoine national bénéficient soudain d'un regard plus nuancé : l'église Saint-Sulpice à Paris est ainsi reconnue d'intérêt public en 1915, malgré sa façade ajoutée au XVIIIe siècle par Servandoni et demeurée inachevée. Le XIXe siècle fait lui aussi une timide apparition avec la protection de l'Opéra de Charles Garnier, classé en totalité en 1923, suivie peu après par celle de la fontaine de l'Observatoire, due à Jean-Baptiste Carpeaux.

La qualité exceptionnelle de l'architecture de Le Vau, des jardins de Le Nôtre et des décors intérieurs de Le Brun au château de Vaux-le-Vicomte (ci-dessous), valut à son commanditaire, le surintendant des Finances Fouquet, la disgrâce de Louis XIV.

LA PRISE EN COMPTE DES XVIIIe ET XIXe SIÈCLES 65

Elevé de 1730 à 1742 sur les plans de Robert de Cotte, architecte du roi, pour le cardinal de Rohan-Soubise, prince-évêque de Strasbourg, le palais des Rohan (ci-contre) abrite aujourd'hui le musée des Beaux-Arts, le musée des Arts décoratifs et le musée Archéologique.

Simultanément se multiplient les classements de nombreux édifices classiques appartenant non plus à des collectivités publiques, mais à des propriétaires privés. Les réticences ressenties par les particuliers à l'égard de la loi de 1913 deviennent plus réservées et l'inquiétude face aux contraintes qu'implique le classement moins marquée. Le château de Vaux-le-Vicomte, inscrit sur la liste de 1862 puis déclassé en 1888 faute de consentement de son propriétaire, est à nouveau classé en 1926, l'avis de son détenteur à l'égard de la protection ayant changé. Azay-le-Rideau et Tanlay subissent les mêmes détours de procédure pour apparaître définitivement classés en 1905 et 1927.

L'introduction, à partir de 1927, d'un second niveau de protection moindre que le classement permet de protéger juridiquement des édifices dont l'intérêt n'est plus «public» mais seulement «suffisant» au regard de l'histoire ou de l'art. Ce second niveau de protection n'apparaîtra pour les objets mobiliers et immeubles par destination qu'en 1970, et uniquement pour les œuvres appartenant à des collectivités publiques.

Les Salines d'Arc et Senans (ci-dessous), bâties en 1775 par Claude-Nicolas Ledoux, constituent l'un des chefs d'œuvre de l'architecture industrielle du siècle des Lumières.

Malgré l'important travail de protection réalisé dans les années 1930, il faut attendre la Ve République pour que la prise en compte du patrimoine des XIXe et XXe siècles sur la liste des monuments historiques se confirme. Il est intéressant de voir comment, sous l'impulsion d'André Malraux, la protection des œuvres de Le Corbusier en 1965 précède alors celle d'œuvres majeures du siècle précédent : la villa Savoye construite à Poissy en 1929 et la chapelle Notre-Dame-du-Haut réalisée en 1955 à Ronchamp sont classées en 1965 et 1967, soit plus de vingt ans

Le viaduc du Garabit dû à Gustave Eiffel franchit la Truyère entre les localités de Loubaresse et Ruynes en Margeride. L'impressionnante portée de l'arche (165 mètres) est obtenue par la combinaison de poutrelles en treillis et de poutrelles en T (illustration en fond de page).

La bibliothèque Sainte-Geneviève, bâtie par Henri Labrouste de 1844 à 1850 (ci-contre), est un des premiers exemples de l'utilisation du fer et de la fonte, de façon apparente, dans un monument public.

Ci-dessous, l'intérieur de la chapelle Notre-Dame-de-toute-Grâce, construite par Novarina au plateau d'Assy.

avant la bibliothèque Sainte-Geneviève d'Henri Labrouste ou le viaduc du Garabit conçu par Gustave Eiffel.

André Malraux décide de bousculer l'évolution linéaire des protections jusque-là admises, en réorientant les choix de la mémoire ; il suscite alors quelques dizaines de protections d'œuvres qu'il juge être les plus fondatrices

MALRAUX ET LE PATRIMOINE DU XXe SIÈCLE 67

de l'art contemporain : la tour Eiffel, érigée en 1889 à l'occasion de l'Exposition universelle, est inscrite en 1964 ; les deux immeubles conçus par Auguste Perret et abritant à Paris le Mobilier national et le Conseil économique et social, ou l'église Notre-Dame-du-Raincy, marquant selon Le Corbusier la « conquête du béton armé », sont protégés, ainsi que la chapelle Notre-Dame-de-Toute-Grâce, construite sur le plateau d'Assy en Haute-Savoie, manifeste à elle seule de toute une génération d'artistes : Rouault, Léger, Germaine Richier s'y sont succédé, soucieux de répondre à l'invitation du père Couturier et de rendre toute sa force et son originalité à l'art sacré.

L'accélération de la mémoire

Malraux fait aussi classer en 1969 le Palais idéal bâti à Hauterives dans la Drôme, de 1879 à 1912, par le facteur Cheval. Il soulève alors une vague de protestations soulignant à la fois l'aspect anecdotique et l'esthétique discutable de cette réalisation. André Malraux défend ainsi sa décision : « Qu'est-ce que le Palais idéal ? C'est le seul exemple en architecture de l'art naïf. [...] L'art naïf est un phénomène banal, connu de tous, mais qui n'a pas d'architecture. En un temps où l'art naïf est devenu une réalité considérable, il serait enfantin de ne pas classer, quand c'est nous, Français, qui avons cette chance de posséder la seule architecture naïve du monde et attendre qu'elle se détruise. »

Ferdinand Cheval, bientôt surnommé « le Facteur Cheval », conçoit à Hauterives, entre 1879 et 1912, une architecture de pierre incrustée de coquillages d'inspiration à la fois naïve et fantastique, qu'il baptise son « Palais idéal » (ci-dessous). Classé depuis 1969, et récemment restauré, ce site est aujourd'hui le plus visité du département de la Drôme.

Fidèle à sa volonté de diversifier les angles d'approche de la réalité patrimoniale, André Malraux œuvre pour l'adoption de la loi du 4 septembre 1962 sur les secteurs sauvegardés, permettant de veiller à la qualité homogène de l'évolution des quartiers anciens dans chaque ville de France. Afin d'inscrire ces efforts de protection dans un cadre plus large et de les soutenir par une réflexion scientifique de grande ampleur, il crée en 1964, avec André Chastel, l'Inventaire général des richesses artistiques de la France.

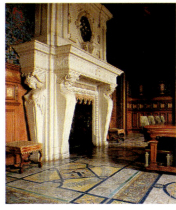

Le vandalisme des aménageurs

Malgré ces avancées magistrales, l'urgence demeure : le palais Rose construit de 1897 à 1902 pour Boni de Castellane à Paris, avenue Foch, et qui s'inspirait du Grand Trianon, est abattu en 1970 ; un an plus tard disparaissent les Halles de Victor Baltard, chef-d'œuvre de la charpente en fer, détruites malgré les réactions de l'opinion. La polémique fait rage et aboutit à la prise en compte urgente de ce XIXe siècle, longtemps méconnu ou mal-aimé. Le sauvetage à Paris de la gare d'Orsay, promise à la démolition et réaménagée depuis en musée de l'art du XIXe siècle, fait figure de symbole.

Le seul pavillon des Halles épargné par la démolition, du fait de son transfert à Nogent-sur-Marne, est classé en 1982 ; l'ensemble des viaducs dus à Gustave Eiffel, notamment celui du Garabit en Auvergne, est inscrit. D'importants châteaux, témoins du goût éclectique du siècle dernier, longtemps considérés comme des curiosités ou des pastiches recomposés, sont classés avec leurs décors intérieurs : le château Abbadia construit par Viollet-le-Duc et Duthoit à Hendaye, ou le château Saint-Roch au Pin en Tarn-et-Garonne en témoignent. L'art néo-gothique est réhabilité et se voit reconnaître une valeur propre, indépendante des formes dont il s'inspire. Deux domaines nouveaux, jusque-là oubliés, retiennent aussi l'attention : les papiers

Le château Saint-Roch au Pin (ci-dessus, le grand salon) conserve un décor néo-Renaissance réalisé en 1869 par le peintre parisien Lechevallier-Chevignard.

peints et la photographie. Fondés non plus sur
l'idée d'œuvre d'art unique, mais sur des techniques
permettant des tirages identiques à multiples
exemplaires, leur reconnaissance suscita quelques
polémiques. Quelque cent ans après la pétition
signée par Ingres, Isabey, et Puvis de Chavanne
« considérant que la photographie se résume en
une série d'opérations toutes manuelles, et que
les épreuves qui en résultent ne peuvent
en aucune circonstance être assimilées
aux œuvres », les fonds Atget, Seeberger,
Nadar sont jugés d'intérêt public
et classés.

Malgré l'accélération due à Malraux
en 1965, la protection du XXe siècle
est aujourd'hui moins aboutie que celle
du siècle précédent qui tend à rattraper
son retard. Elle témoigne en outre de
bizarreries, notamment dans l'intitulé
des protections adoptées : les édifices dus au talent
de Le Corbusier, la Maison Radieuse à Rezé près
de Nantes, les maisons La Roche et Jeanneret
à Paris, sont ainsi classées depuis 1965 pour

Le château de Toulonjac en Aveyron conserve une suite de papiers peints datés de 1840 qui illustrent la vie de Don Quichotte et « L'inimaginable aventure des moulins à vent » (ci-dessous).

Le seul vestige conservé des Halles de Baltard est le pavillon n° 8 « Œufs et volailles », aujourd'hui installé à Nogent-sur-Marne à l'initiative de la municipalité. Tout le reste a été détruit en 1971 (ci-contre) malgré l'avis favorable au classement donné par la commission des Monuments historiques.

leurs seules façades et toitures, l'intérieur échappant à toute protection. Ceci alors que leur auteur a toujours affirmé, comme essentielle à l'esprit même de son œuvre, la stricte interdépendance des structures intérieures et des élévations extérieures. La même dissociation existe pour les classements prononcés sur les édifices bâtis par Auguste Perret. Les protections actuelles tentent de mieux se conformer à l'originalité fondamentale qui caractérise chaque édifice. Le couvent de La Tourette, bâti par Le Corbusier entre 1953 et 1959 à Evreux, a été classé en totalité en 1979, ainsi que le stade réalisé à Firminy.

La même attitude a prévalu pour la prise en compte d'autres architectures contemporaines telles que la Maison du peuple de Lods, Beaudouin et Prouvé, bâtie à Clichy en 1937, la villa Cavrois construite en 1931 par Robert Mallet-Stevens, classée en 1990, ou l'immeuble d'Henri Sauvage rue Vavin à Paris.

Les œuvres contemporaines récemment classées

A ce jour, peu d'objets du XXe siècle sont classés monuments historiques. La plupart d'entre eux appartiennent en effet à d'importantes collections de musées et ne nécessitent par là-même aucune protection au titre des monuments historiques.

Construite en 1876, la synagogue de la rue des Tournelles à Paris présente un volume intérieur très aéré (ci-dessus), en partie grâce à l'emploi d'une structure métallique apparente. Elle fait aujourd'hui partie du patrimoine classé avec les synagogues de Rouen, Cavaillon, Luneville.

LA MÉMOIRE DES ŒUVRES CONTEMPORAINES

D'autres sont entre des mains privées qui ne souhaitent pas qu'une mesure de classement soit prise, celle-ci interdisant ensuite de transférer l'œuvre concernée en dehors du territoire national. Parmi les rares éléments déjà protégés, figurent à ce jour surtout des objets ou des décors d'inspiration religieuse : les stations des chemins de Croix de Lalique à Sauchy-l'Estrée (Pas-de-Calais) ou de Maurice Denis à Perros-Guirec, la *Pietà* et le *Christ en croix* de Zadkine aux Arques dans le Lot, ou la tapisserie réalisée à partir d'un carton de Léger pour l'église du Sacré-Cœur à Audincourt dans le Doubs.

Avec l'irruption des XIXe et XXe siècles se pose la question des «nouveaux patrimoines», ainsi baptisés parce qu'ils sont différents de la conception traditionnelle qui était celle du monument comme œuvre majeure face à une production vernaculaire plus ordinaire.

Le patrimoine rural

Les débats et recherches engagés par les historiens, les géographes et les ethnologues sur la signification de l'héritage que l'on souhaite transmettre aux générations futures induit d'importantes inflexions dans la politique de protection patrimoniale : trop longtemps concentrée

La mosquée de Missiri à Fréjus (ci-dessus) est inscrite depuis 1987. C'est une réplique de la Missiri de Djenné, au Mali, élevée au début du XXe siècle par les tirailleurs africains qui séjournaient alors au camp des troupes de Marine.

C'est un classement par décret en Conseil d'Etat qui permit de sauver en 1990 la villa Cavrois (ci-contre), bâtie dans le Nord, à Croix, par Robert Mallet-Stevens en 1932. La protection prend aussi en compte ses terrasses et l'emplacement de l'ancien miroir d'eau actuellement comblé.

sur des monuments de
qualité exceptionnelle isolés
de leur contexte, l'attention
s'élargit ainsi aux autres
éléments sans doute moins
spectaculaires, mais
essentiels pour comprendre
la qualité du tissu social
et architectural d'espaces
plus larges. On redécouvre
l'intérêt et l'urgence de

protéger notamment des éléments d'architecture
rurale comme les pigeonniers, les lavoirs ou les
moulins, jusque-là promis à la disparition du fait
de leur moindre utilité. Leur sauvegarde mobilise
désormais l'opinion soucieuse de conserver
ces repères dans un paysage qui se désertifie et
ces témoins d'un autre âge, gardant la trace de modes
de vie et de savoir-faire, appelés à disparaître.

Les repères de l'histoire urbaine

La même attention apparaît pour sauvegarder des
jalons sensibles de l'histoire urbaine, souvent négligés
au profit d'édifices majeurs civils ou religieux :
l'accent est mis sur la dimension patrimoniale
des boutiques, des marchés couverts, des passages,
ou de certains cafés ou restaurants ayant conservé
intacts leurs décors ; les kiosques à musique,
théâtres et cinémas sont eux aussi pris en compte
à partir d'inventaires exhaustifs permettant de
déterminer leur intérêt respectif. Les gares font
l'objet d'enquêtes identiques, ainsi que les hôpitaux
et les cimetières qui témoignent de l'évolution
de la perception architecturale de la souffrance
et du deuil. Depuis les années 1980, la mémoire
se cristallise aussi sur les vestiges laissés en place
par l'aventure industrielle.

La mémoire industrielle, scientifique et technique

Les nombreuses restructurations d'équipements
industriels qui se sont multipliées depuis la fin de
la Seconde Guerre mondiale ont conduit à la lente
désaffectation et souvent à la disparition de sites

PATRIMOINE RURAL ET REPÈRES URBAINS 73

miniers ou sidérurgiques, d'anciennes centrales hydro-électriques ou de manufactures devenues obsolètes. L'émotion locale créée par les suppressions d'emplois et les nécessités d'une reconversion ont contribué à souligner l'existence d'un patrimoine industriel, scientifique et technique appartenant à la mémoire collective et digne d'être conservé. Ainsi ont été classés, notamment, la chocolaterie Menier, bâtie en 1872 à Noisiel, la parfumerie Chiris à Grasse, ou certains chevalements du bassin houiller lorrain.

La métairie de Saint-Lieux-Lafenasse dans le Tarn (page de gauche), bâtie au XIXᵉ siècle, comporte une rotonde centrale cerclée d'une galerie annulaire donnant accès à des compartiments à bestiaux (bovins).

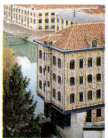

Construit sur la Marne vers 1870 par l'architecte Jules Saulnier, le moulin «hydro-pneumatique» de la chocolaterie Menier à Noisiel (Seine-et-Marne) offre une architecture d'une grande qualité, à l'ossature métallique apparente (ci-dessus). Le remplissage est fait de briques dont certaines, vernissées, dessinent un décor de fleurs, de gousses et de feuilles de cacoyer.

La salle du cinéma du Grand Rex, à Paris, avec son décor imaginé en 1932 par Bluysen et Eberson, est inscrite en 1981 (ci-contre).

Les protections adoptées intéressent à la fois des éléments témoignant de l'architecture, de l'industrie avec sa logique interne et son outillage, des instruments scientifiques de la connaissance comme les lunettes astronomiques... ou des éléments de transport (matériel et infrastructure) évoquant l'évolution technologique.

Elle illustrent souvent la dialectique de l'«exceptionnel» et du «représentatif» qui inspire les choix de la commission supérieure des Monuments historiques. Meubles et immeubles sont concernés par ces recherches, et on peut découvrir, parmi les objets actuellement classés monuments historiques, des voitures hippomobiles de la fin du XIXe siècle au Haras-du-Pin, un char Tigre de 1943 à Vimoutiers dans l'Orne, ou un accélérateur d'ions lourds réalisé en 1966 et conservé à Orsay.

On trouve, parmi les éléments protégés au titre du patrimoine industriel, scientifique et technique, des véhicules militaires, routiers (ci-dessus) et ferroviaires (locomotives à vapeur ou électriques, voitures et fourgons), des pressoirs et moulins à huile, des mesures à grain, des forges et même une éolienne à Tailly, en Côte d'Or. Ci-dessous, l'accélérateur d'ions lourds d'Orsay.

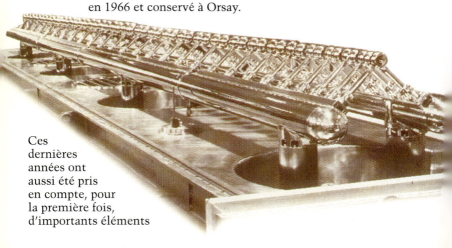

Ces dernières années ont aussi été pris en compte, pour la première fois, d'importants éléments

DE LA MÉMOIRE INDUSTRIELLE AUX PARCS ET JARDINS 75

du patrimoine naval tels que le trois-mâts barque *Duchesse Anne*, le *Belem* ou la goélette *Principat di Catalunya*. Le classement concerne les derniers spécimens d'un type de bateau particulier ou, lorsque des petites séries subsistent, l'exemplaire le plus proche de l'état d'origine. Seul le patrimoine aéronautique paraît à ce jour encore très faiblement représenté.

Les jardins

Parallèlement au regain d'intérêt manifesté à l'égard des nouveaux patrimoines rural ou industriel a grandi ces dernières années une attention spécifique aux jardins jusque-là rarement protégés en tant que tels. Avant les années 1920, seuls les parcs de Versailles et de Fontainebleau sont nommés sur la liste de 1862, et le parc d'Azay-le-Rideau spécifiquement classé en 1904. Dans les années 1930 s'esquisse une

A côté de cette goélette *Principat di Catalunya*, le patrimoine maritime et fluvial comprend aussi des bateaux de combat, comme l'escorteur d'escadre *Maillé Brézé*, des trois-mâts, tels que le *Belem* ou la *Duchesse Anne*, des remorqueurs, vedettes ou gabares et des bateaux de pêche.

reconnaissance des jardins comme éléments du patrimoine historique : le jardin de Vaux est classé en 1929, ceux de Villandry en 1934, et le désert de Retz en 1941. Certains sont protégés au titre de la nouvelle loi sur les sites adoptée en 1930.

Ils sont aujourd'hui proposés à une prise en compte au titre des Monuments historiques, si un document

Dessinés par Le Nôtre, les jardins du château de Vaux-le-Vicomte ont conservé leur distribution d'origine et constituent en eux-mêmes un élément patrimonial essentiel.

ancien atteste de la conservation ou de la connaissance de son tracé. La tentation est grande de protéger alors un jardin en se fondant non sur son aspect actuel et sur sa valeur intrinsèque, mais sur ce qu'il pourrait devenir une fois remis en valeur. Les classements actuels visent à pérenniser les tracés conservés plutôt qu'à imaginer d'hypothétiques restitutions.

Trois classements importants ont été récemment adoptés dans cette perspective; ils concernent : le jardin des Plantes à Montpellier, conçu en 1594 et aujourd'hui le plus ancien jardin botanique de France, le jardin des Romanciers de Fontana Rosa, conçu en 1922, et le jardin dit de la Serre de la Madone, créé par Lawrence Johnston entre 1919 et 1939, tous deux à Menton.

Les lieux de mémoire

Aux meubles et immeubles classés monuments historiques, du fait de leur intérêt artistique, s'associent en permanence, au regard de la protection, des lieux de la mémoire qui témoignent du caractère ou du mode de vie d'hommes ou de femmes devenus célèbres et appartenant à l'histoire nationale.

A ce titre ont été protégées les maisons de Bonaparte à Ajaccio, de Clemenceau à Moret-sur-Loing, du maréchal Foch à Tarbes, de Gambetta à Sèvres, du général de Gaulle à Lille, ou le domaine natal de l'impératrice Joséphine à la Pagerie en Martinique. On tente aussi de conserver intact l'univers dans lequel ont vécu et écrit de grands

Le cabinet oriental de Pierre Loti aménagé dans sa maison de Rochefort (à droite, en haut), comme la chambre occupée par Van Gogh à l'Auberge Ravoux à Auvers-sur-Oise (à droite, en bas), témoignent, souvent par indiscrétion, puisque eux-mêmes n'en ont pas décidé ainsi, des conditions dans lesquelles ils ont travaillé. On peut y découvrir parfois des traces inédites de leur univers intérieur, d'autant plus fragiles qu'elles sont impalpables et subtilement liées à l'esprit des lieux. Les ruines de la sucrerie de la Pagerie (ci-dessous), où naquit Joséphine de Beauharnais, aux Trois-Ilhets, en Martinique, ont été inscrites en 1979; elles conservent les vestiges d'une purgerie caractérisée par la présence de rigoles en pente destinées à drainer vers un réservoir la mélasse qui s'écoule des barriques de sucre.

auteurs : Chateaubriand
à Combourg et dans sa
demeure de la Vallée-aux-
Loups à Châtenay-Malabry,
George Sand à Nohant,
Pierre Loti à Rochefort ou
François Mauriac à Malagar.

La protection tend alors
à couvrir l'intangible,
l'ambiance qui règne dans les
lieux; on veut y pérenniser
une part inédite de la
sensibilité de certains artistes
qui échappe à leurs œuvres :
la chambre qu'occupait
Van Gogh à la fin de sa vie
à l'auberge Ravoux à Auvers-
sur-Oise est classée en 1987,
avec l'ensemble de son
mobilier, y compris sa lampe à
pétrole, un an après les décors
intérieurs de la maison où a
logé Max Ernst aux Alliberts,
à Saint-Martin-d'Ardèche.

D'autres lieux sont protégés
du fait de l'importance
historique, souvent tragique,
des événements qui s'y sont
déroulés : le mur des Fédérés
au cimetière du Père-Lachaise,
devant lequel furent fusillés
les derniers communards en
1871, est maintenant classé;
il en est de même pour trois
champs de bataille situés dans
le Haut-Rhin, pour l'abri du
Kaiser, pour l'emplacement
de la Grosse Bertha dans
l'Aisne, ou pour les vestiges
du village d'Oradour-sur-
Glane classés en 1946.

Au-delà de leur valeur
historique et architecturale

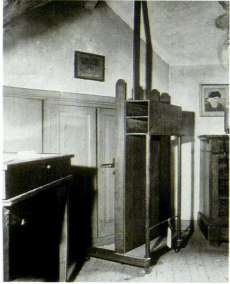

intrinsèque, certains édifices doivent leur protection à l'imaginaire d'un homme dont le talent les transforme en symboles romanesques, chers à la mémoire collective : le château d'If, par exemple, est inséparable du souvenir du comte de Monte-Cristo, qui, dans le roman d'Alexandre Dumas, y demeure emprisonné de longues années avant de réussir à s'en échapper. Le classement au titre des Monuments historiques, en 1988, du pont à bascule d'Arles daté de 1826, consacre de la même manière la place qu'occupe cet édifice dans l'œuvre de Van Gogh.

Le château d'If (ci-dessus), bâti en 1524 au large de Marseille pour commander l'entrée du port, est devenu une prison d'Etat où Alexandre Dumas situe l'incarcération du comte de Monte-Cristo.

La mémoire des esquisses

La volonté de saisir l'intangible s'accompagne aussi d'une attention nouvelle portée aux étapes d'un projet ou d'une création, et au témoignage qu'elles

> J'accuse enfin le premier conseil de guerre d'avoir violé le droit, en condamnant un accusé sur une pièce restée secrète, et j'accuse le second conseil de guerre d'avoir couvert cette illégalité, par ordre, en commettant à son tour le crime juridique d'acquitter ~~un hormme~~ sciemment un coupable.
>
> Emile Zola

ESQUISSES ET CURIOSITÉS 79

apportent sur l'invention de l'architecture et de l'objet. Ainsi ont été classés des maquettes, des plâtres originaux de Pompon conservés au Muséum d'histoire naturelle à Paris, des cartons de Lurçat dans le Lot, ou le manuscrit de la lettre ouverte «J'accuse» écrite par Zola en 1878 pour défendre Dreyfus.

Les «curiosités»

Le patrimoine classé à ce jour comporte quelques éléments meubles ou immeubles ne relevant d'aucune catégorie connue et regroupables seulement par leur profonde originalité. A ce titre peuvent être cités les édifices témoins de l'art naïf protégés dans le sillage du palais du facteur Cheval, comme la maison du «Petit Paris» à Saint-Dizier, ou les marionnettes de Nohant. On y découvre aussi des objets étranges, dignes de la tradition des cabinets de curiosités d'histoire naturelle du XVIIIe siècle : l'ensemble formé par les vitrines imaginées par Claude-Charles Saunier à La Rochelle, la série des *Ecorchés* dus à Fragonard, qui sont visibles à Maisons-Alfort, tout comme les crocodiles suspendus à la voûte de l'hôtel de ville de Nîmes.

Le domaine où vécut George Sand à Nohant a conservé le décor qu'elle connut, et notamment son théâtre de marionnettes (ci-dessous).

François Ier autorise en 1533 la ville de Nîmes à porter comme armoiries l'emblème d'une des plus célèbres légions romaines : un crocodile enchaîné à une palme. Des marchands nimois ont offert quatre crocodiles naturalisés, en 1597, 1671 et 1703, longs de 3,5 m, et qui sont aujourd'hui suspendus dans l'escalier d'honneur de l'hôtel de ville.

Le manuscrit de la lettre ouverte «J'accuse» de Zola (page de gauche, en bas), publié en 1902 par *L'Aurore*, a d'abord été placé sous instance de classement afin d'éviter sa vente hors du territoire national, et récemment acquis par la Bibliothèque nationale de France.

Découvertes archéologiques et inédits

L'extension récente des critères de protection ne suffit pas seule à expliquer l'enrichissement constant de notre patrimoine national. Chaque année apporte aussi son lot de découvertes et d'inédits révélés grâce aux fouilles archéologiques entreprises, qu'elles soient programmées ou menées d'urgence à l'occasion de chantiers urbains. Une exposition présentée au Grand-Palais, à Paris, en 1989, rendait compte des plus importantes. De nouveaux sites majeurs ont été découverts depuis, comme ceux

La grotte Chauvet, découverte à Vallon-Pont d'Arc en Ardèche en décembre 1994, est composée de plusieurs galeries de très grandes dimensions, ornées d'environ deux cents peintures et gravures paléolithiques représentant un bestiaire original et varié : ours et félins (ci-dessous), hibou, mammouths,

des grottes Cosquer et Chauvet en 1992 et 1994. Contrairement à l'idée couramment répandue, il convient de rappeler que les archéologues ne s'intéressent pas seulement au patrimoine enfoui, mais aussi au patrimoine architectural visible dont ils contribuent à expliquer les étapes successives de construction et de remaniement. Cette archéologie du « bâti » s'accompagne d'une étude approfondie d'éléments provenant d'œuvres majeures disparues et réutilisées en matériaux de remplissage au milieu de maçonneries banales : l'aventure de la réinvention

rhinocéros. Elle conserve aussi des traces d'activité humaine : foyers, silex taillés, cheminements. Exempte de toute intrusion jusqu'à ce jour, elle représente pour les archéologues un objet d'étude d'autant plus remarquable qu'il est demeuré intact.

LA MISE AU JOUR D'ÉLÉMENTS INÉDITS 81

par Léon Pressouyre, à Châlons-sur-Marne, du cloître de Notre-Dame-en-Vaux, démoli à partir de 1759, et de ses sculptures du XIIe siècle, retrouvées en remploi dans les murs voisins, en est un émouvant exemple.

Indépendamment des découvertes archéologiques, apparaissent aussi des œuvres inédites, soudain mises en lumière à l'occasion des campagnes d'inventaire ou de protection menée auprès de propriétaires publics ou privés. Ce fut le cas récemment de la toile de *Saint Jérôme au désert* du Guerchin, découverte fortuitement dans l'église de Nogent-sur-Seine, dans l'Aube, d'un tableau de Le Nain à Colombiers-en-Brionnais, ou du Christ en bois du XIIe siècle retrouvé à Ramousies dans le Nord.

Les campagnes de travaux sont elles-mêmes à l'origine d'heureuses surprises, mettant souvent au jour des décors antérieurs dont l'existence était inconnue : les cathédrales d'Angers, Bourges et Cahors ont ainsi révélé ces dernières années des peintures murales inédites de qualité exceptionnelle ; à Narbonne ont été dégagées les sculptures en pierre polychrome du chœur, jusque-là dissimulées, alors qu'à Saverne, en Alsace, de rares manuscrits médiévaux réapparaissaient collés au dos des panneaux du buffet d'orgue et qu'un plafond peint du XVIe siècle était découvert à Castelferrus, en Tarn-et-Garonne, orné de l'image de la Mort se tenant debout sur un char tiré par deux grands cerfs ailés. D'autres œuvres inconnues de grande qualité surgissent aussi en pleine lumière à la suite de donations ou d'acquisitions en vente publique par la voie des préemptions.

Cette «Mort debout sur un char», peinte au XVIe siècle, est apparue sur un plafond du château de

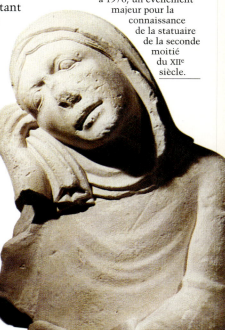

Castelferrus en Tarn-et-Garonne alors que la démolition s'engageait.

La grande qualité des sculptures du cloître de Notre-Dame en Vaux fait de leur redécouverte, de 1963 à 1976, un événement majeur pour la connaissance de la statuaire de la seconde moitié du XIIe siècle.

LES DÉCOUVERTES FORTUITES 83

De nombreux décors peints médiévaux ou Renaissance ont été recouverts par des badigeons au XVIIIe siècle. Ils sont parfois remis au jour fortuitement : des scènes figurées du XIIIe siècle ont ainsi été révélées à la cathédrale d'Angers sur les murs de l'abside (page de gauche); à la cathédrale de Cahors, «la Création des oiseaux» (ci-contre) réapparaît à l'occasion de la restauration du buffet d'orgue. A la cathédrale de Bourges sont dégagées en 1993, dans la chapelle Saint-Jean-Baptiste, deux compositions se faisant face datées de la fin du XVe siècle, l'une représentant la Crucifixion, l'autre l'apparition du Christ ressuscité à Marie-Madeleine (ci-dessous).

La cohérence des ensembles

Depuis les années 1980, se manifeste en outre une tendance de fond visant à souligner au moment des protections proposées la cohérence des ensembles. Qu'il s'agisse de sites archéologiques, d'ensembles bâtis, de places monumentales ou de décors et de mobilier, on tente de résister au danger qui consiste à isoler un élément de son contexte pour le classer, alors qu'il tire tout son sens de son appartenance à un ensemble.

Une attention particulière est ainsi portée aux bibliothèques, notamment celle du palais Fesch à Ajaccio, classée avec ses boiseries en 1965, aux pharmacies, souvent menacées de dépeçage et de dispersion du fait des travaux qui ont lieu dans les centres de soins, aux ex-voto formant, comme à la chapelle Notre-Dame-de-Grâce de Honfleur, un décor complet ; d'importants châteaux ayant conservé leur mobilier, leurs galeries d'ancêtres font l'objet de protections d'ensemble après inventaire des collections et examen de la cohérence effective de l'ensemble comme de son authenticité historique : c'est le cas du château de Bussy-Rabutin en Bourgogne ou du château de Merville, en Haute-Garonne, classé en totalité avec ses décors intérieurs et l'ensemble de ses collections en 1985.

Le patrimoine scientifique et technique suscite lui aussi des protections globales permettant seules d'illustrer les différentes facettes d'une technique. Les récents classements par décret de la collection d'automobiles des frères Schlumpf à Mulhouse

La chapelle Notre-Dame-de-Toute-Grâce à Honfleur conserve une série d'ex-voto peints du XVIIIe siècle (ci-dessus), dont la tradition s'est poursuivie au siècle suivant.

Depuis le XVIIe siècle, l'ensemble des portraits commandés par le comte de Bussy pour son château de Bussy-Rabutin est demeuré en place (ci-dessous).

L'UNITÉ DES ENSEMBLES 85

et de l'ensemble des plaques d'impression de la manufacture Zuber soulignent l'utilité publique reconnue à de telles interventions de protection.

Le patrimoine protégé aujourd'hui

D'après la dernière enquête réalisée, il existe aujourd'hui près de 40 000 monuments protégés, dont plus de 13 000 sont classés. L'Etat n'est propriétaire, il faut le rappeler, que de moins de 6 % des monuments classés (cathédrales, palais nationaux, châteaux reçus en donation), alors que les communes en possèdent plus de 61 %, les autres collectivités territoriales et les institutions publiques indépendantes comme l'Institut de France près de 4% et les propriétaires privés 29 %.

La collection d'automobiles des frères Schlumpf à Mulhouse (ci-dessous) a fait l'objet en 1978 d'un décret de classement. Le «croissant d'argent», l'autochenille construite en 1922 par Citroën pour la première traversée du Sahara a elle aussi été classée en 1984.

Le patrimoine est en outre réparti sur tout le territoire puisque 68 % du parc des monuments classés sont disséminés parmi les quelque 35 000 communes de moins de 5 000 habitants. Cette dispersion souligne l'enjeu qu'il représente pour l'Etat, comme pour l'ensemble des collectivités territoriales intéressées à sa sauvegarde.

L'élargissement des critères de protection contribue peu à peu à faire éclater l'idée d'unité de style qui dominait la philosophie de la restauration au XIXe siècle. La simple conservation fondée sur le respect de la matière originale et la sauvegarde de l'apport de chaque époque, prend progressivement le pas sur la restauration, jugée souvent plus radicale et donc plus périlleuse pour l'authenticité du monument.

CHAPITRE IV
DE LA SAUVEGARDE À LA MISE EN VALEUR

Laissé à l'abandon après sa capitulation devant Henri IV, le château de Falaise (à gauche) a été récemment mis hors d'eau par l'architecte Bruno Decaris. Toutes les adjonctions sont des structures contemporaines dynamiques et légères, clairement dissociées de l'existant.
Ci-contre, une crosse épiscopale du XIIIe siècle (Trésor de Saint-Lizier en Ariège).

Viollet-le-Duc avait déjà connu lui-même quelques contestations remettant en cause le bien-fondé de certaines de ses interventions. Sa réinvention des parties hautes de la basilique Saint-Sernin à Toulouse suscite de vives critiques des archéologues toulousains, comme de la Société française d'archéologie. Les travaux réalisés plus tard par l'architecte Abadie au nom de ce même principe d'unité de style soulèvent des protestations plus violentes encore. La recomposition de la façade de l'église Sainte-Croix de Bordeaux est jugée inacceptable par d'éminents archéologues et notamment Léo Drouyn : « Pouvons-nous, demandait-il, porter une main sacrilège sur nos vieux édifices et sous le prétexte de restaurer, les arranger à notre manière et suivant la mode du jour ? Lorsque l'on copie un vieux manuscrit, on laisse en blanc les mots qu'on ne peut pas lire et jamais on ne surcharge les places vides. » Le projet d'Abadie inventant pour cette façade un alignement et une symétrie qui n'avaient jamais existé est pourtant approuvé par la commission des Monuments historiques qui l'invite seulement à plus de simplicité. Abadie remanie avec la même liberté la façade de la cathédrale d'Angoulême, ou les coupoles de l'église Saint-Front à Périgueux qu'il traite de manière « néo-byzantine ».

Les débats portent alors souvent sur le traitement des flèches, clochers ou tours de façades. Le conseil

« On aurait tort, écrit Alavoine en 1823, de s'astreindre à n'employer que les procédés d'exécution en usage dès le XIIIe siècle et de se priver des ressources nouvelles que nous assure le perfectionnement des arts industriels. »

Abadie couronne la façade de la cathédrale Saint-Pierre à Angoulême (ci-contre) d'un fronton triangulaire flanqué de deux tours carrées. Il renonce à la « religieuse discrétion » que conseillaient le 10 juin 1845 Viollet-le-Duc et Lassus dans leur rapport sur le projet de restauration de Notre-Dame.

LA REPRISE DES FAÇADES ET DES FLÈCHES

général des Bâtiments civils se voit reprocher d'avoir longtemps cherché à les supprimer partout où il en subsistait ; d'où la multiplication des projets de reconstruction des tours arasées ou disparues. Alavoine propose en 1823 de reconstruire en fonte de fer la flèche de la cathédrale de Rouen, détruite par la foudre, Bigot remanie les parties hautes de la cathédrale de Quimper et Lassus réinvente la flèche de la Sainte-Chapelle à Paris. Formigé couronne de deux tours la façade de l'abbatiale Sainte-Foy à Conques, avec l'accord d'Emile Boeswillwald, qui modifie lui-même les élévations occidentales des cathédrales d'Orléans et de Bayonne. Toute église privée de flèches semble alors en attente d'une prochaine restauration : l'inachevé est jugé nuisible à l'image du monument.

Didron a grand peine à éviter que la cathédrale de Reims soit elle aussi victime de cette fièvre reconstructrice : «De même qu'aucun poète ne voudrait entreprendre de compléter les vers inachevés de l'Enéide, aucun peintre de terminer un tableau de Raphaël, aucun statuaire d'achever une statue de Michel-Ange, de même aucun architecte censé ne saurait consentir à achever la cathédrale.»

L'architecte Corroyer suscite aussi une vive controverse en proposant de construire au sommet du Mont-Saint-Michel une flèche néo-romane ; c'est

Mérimée regrettait en 1838 que le sommet des deux tours carrées de la façade de Conques ait été détruit et qu'elles ne s'élèvent pas plus haut que le toit de la nef (en haut). L'architecte Formigé les surhaussera à la fin du XIXe siècle.

finalement le projet de son successeur qui est retenu. Le classement du Mont n'a lieu qu'à l'achèvement de la flèche en 1897. César Daly soulève lui aussi de larges protestations quand il remet son projet d'achèvement de la cathédrale Sainte-Cécile à Albi. Il propose d'inventer un couronnement rythmé de trente-deux pyramides à crochets et surmonté d'un balcon porté en encorbellement par des arcs en briques et entrecoupé par une balustrade à quatre feuilles. Les travaux effectivement autorisés résultent d'une simplification du projet initial.

Au nom de cette même unité de style disparaissent au XIXe et au début du XXe siècle des décors tout entiers. Les boiseries et armoires à reliques du XVIIe siècle ornant le Tour des Corps saints à la basilique Saint-Sernin de Toulouse sont déposées à l'initiative de Viollet-le-Duc et transférées en « vrac » dans les tribunes afin d'être remplacées dans les chapelles du déambulatoire par un décor néo-roman ; les grilles de la cathédrale de Troyes provenant de l'abbaye de Clairaux sont vendues ; le buffet d'orgue de Saint-Wulfran d'Abbeville est démonté ; les tapisseries ornant la nef de la cathédrale de Reims sont décrochées.

Pour achever la silhouette du Mont-Saint-Michel, recréée par Corroyer (ci-dessous, et en haut avant les travaux), Petitgrand propose en 1894 un projet de flèche couronnée d'une statue de l'Archange, mise en place en 1897 (ci-dessus).

La réaction à l'unité de style : la Charte de Venise

Depuis la fin du XIXe siècle, les interventions se sont progressivement réorientées,

L'ÉVOLUTION DE LA DOCTRINE DE RESTAURATION

préférant la conservation à la reconstitution. Cette évolution est liée d'abord à la croissance rapide du nombre d'édifices classés obligeant l'Etat à réduire le poids de chaque intervention afin de multiplier les aides ; elle reflète aussi les sensibles transformations de la doctrine, marquées par l'enseignement donné aux architectes par de célèbres archéologues comme Lasteyris ou Lefebvre-Pontalis, et qui les convient à plus de prudence dans leurs interventions. Ce sentiment trouve en outre un large écho auprès de John Ruskin qui réaffirme en 1880, dans la nouvelle édition des *Sept Lampes de l'architecture*, que «la restauration signifie la destruction la plus complète que puisse souffrir un édifice».
Rodin réfute à son tour, en 1914, toute idée de restitution ou de pastiche : «La copie des œuvres d'art est interdite par le principe même de l'art. Le traitement du passé malade par le présent meurtrier cause un deuil irréparable.» Les propos tenus par Rodin se trouvent relayés

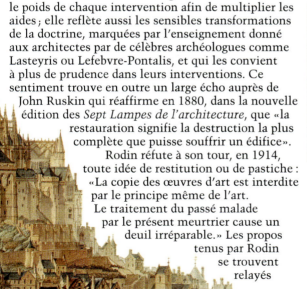

L es *Oraisons dévotes* (ci-dessous) servant de guide au XVIIe siècle

aux visiteurs de Saint-Sernin de Toulouse étaient illustrées de gravures indiquant la disposition des armoires à reliques du Tour des Corps saints. Déposées par Viollet-le-Duc en 1860 et remplacées dans les chapelles par un décor et un mobilier néo-romans, celles-ci furent restaurées et remises en place (en haut) en 1980.

dans l'opinion publique par les campagnes de presse successivement menées par Achille Carlier dans sa revue des *Pierres de France* : il y dénonce systématiquement, à partir de 1920, les restaurations qui équivalent à ses yeux aux pires destructions et avoue, non sans audace, préférer la cathédrale de Reims telle qu'elle apparaît partiellement détruite par les Allemands à une cathédrale restaurée par Deneux.

Les principes de restauration évoluent alors aussi grâce aux importants progrès techniques réalisés : la dépose et le remplacement des pierres rongées ne s'imposent plus. L'idée de « transparence » architecturale

qui tend à laisser coexister en un même édifice les apports de chaque époque s'affirme peu à peu moins réductrice que la règle précédente d'unité de style.

La Charte de Venise adoptée en 1964 par de nombreux pays formule pour la première fois cette nouvelle attitude : « les apports valables de toutes les époques à l'édification d'un monument doivent être

La ville de Reims fut soumise, de 1914 à 1918, à de multiples bombardements qui causèrent des dégâts considérables à la cathédrale (ci-dessus, après l'effondrement de la nef et du chœur) – « fantôme d'église au milieu du fantôme de ville », écrit Emile Mâle en 1921. « La cathédrale calcinée, couverte de plaies profondes, épouvantait d'abord. Les statues de la tour du Nord, rongées par l'incendie, retournaient aux éléments. Sur la pierre, l'empreinte divine de l'art s'effaçait. » Ci-contre, les arcatures hautes mutilées sont complétées en 1934 par l'architecte Deneux.

respectés». Le principe est clair : ce qui paraissait naturel devient exceptionnel et l'on préférera désormais à l'achèvement de la silhouette d'un édifice l'authenticité de sa matière. Stabilité des matériaux utilisés, lisibilité et réversibilité des interventions de restauration deviennent les principes essentiels de tout projet. La nouvelle procédure des études préalables mises en place depuis 1985 vise, dans la même logique, à éviter que des travaux soient engagés sur un édifice ou un objet sans que l'ensemble des problèmes posés par leur état de conservation ait été analysé et qu'un parti de restauration cohérent ait pu être retenu.

La mise en valeur simultanée à Saint-Lizier des peintures du XIIe siècle récemment mises au jour dans le transept et des faux-marbres du XVIIIe siècle se révèle nuisible à la perception architecturale de l'ensemble et a conduit la commission supérieure à souhaiter la fermeture de la chapelle et la restitution des faux-marbres supprimés,

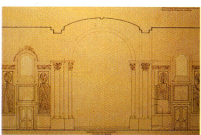 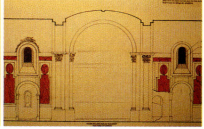

La coexistence des décors successifs

Le respect de l'apport de chaque époque, souhaité par la Charte de Venise, a conduit depuis 1964 à la mise en valeur juxtaposée d'états qui se révèlent parfois incompatibles. A Saint-Lizier, en Ariège, dans le transept de l'ancienne cathédrale sont dégagées dans les années 1980 des peintures murales des XIIe, XVe et XVIIe siècles ; elles sont présentées en covisibilité directe au fur et à mesure des découvertes. Quinze ans plus tard, la Commission supérieure choisit de renoncer à cette perception trop «archéologique» et fragmentaire et de compléter les faux marbres du XVIIIe siècle en isolant les décors antérieurs pour retrouver l'unité architecturale des différents espaces concernés. Des problèmes analogues de coexistence entre des décors successifs sont récemment apparus dans l'église des Dominicains à Guebwiller dans le Haut-Rhin, à l'église de la Madeleine à Béziers, ou

le décor peint du XIIe siècle restant accessible, mais désormais sans covisibilité. Ci-dessus, une coupe de l'église montrant la chapelle médiévale encadrée par les marbres, et ci-dessus à gauche, l'état antérieur (la chapelle est dissimulée par les faux marbres) qui a servi de référence pour l'état actuel.

à la chapelle Notre-Dame-des-Carmes à Nevillac dans le Morbihan, où la Commission supérieure choisit de privilégier l'unité des décors du XVIIIe siècle, quelle que soit la qualité des lambris du XVe siècle mis au jour.

Le projet de remise en valeur des *Mays*, tableaux offerts à la cathédrale Notre-Dame de Paris par la puissante confrérie des orfèvres de 1630 à 1707, souligne la complexité de tels choix : dispersées à la Révolution, recueillies en partie par Lenoir au dépôt des Petits-Augustins puis transférées au Louvre ou dans différents musées et édifices de France, ces toiles comportent des œuvres célèbres

LA COMPATIBILITÉ DES APPORTS DE CHAQUE ÉPOQUE

d'Eustache Le Sueur, Sébastien Bourdon, Blanchard, La Hyre ou Le Brun. Faut-il les réunir à nouveau et les présenter dans la nef de la cathédrale Notre-Dame aux emplacements qui étaient les leurs avant la Révolution, alors que Viollet-le-Duc est intervenu entre-temps pour modifier la perception architecturale intérieure de l'édifice et pour renvoyer au contraire au musée du Louvre en 1862 les Mays qui étaient revenus ? Dans l'avis rendu en 1993, la commission supérieure se prononce en faveur du retour des Mays et de leur présentation légèrement inclinée sur la base des tailloirs des chapiteaux. Le débat semble ne pas être clos.

Les tableaux dits des Mays de Notre-Dame (page de gauche, en haut, place dans la cathédrale) sont aujourd'hui dispersés entre différents édifices et collections publiques. Parmi eux figure *La Prédication de saint Paul à Ephèse* d'Eustache Le Sueur qui est conservé au Louvre (page de gauche, en bas).

Les mêmes interrogations apparaissent lorsqu'il s'agit de choisir l'état souhaité pour le traitement végétal d'un jardin historique. Le parc de Versailles doit-il être remis en valeur dans son état Louis XVI, très proche du dernier état connu avant la tempête de 1990, et caractérisé par la présence de charmilles, de treillages bas et de grands arbres ? Ou faut-il, au contraire, privilégier sa replantation selon un état Louis XIV plus rigoureux, plus architecturé, avec toutes les obligations que cela entraîne : reconstitution à échéance de maturité végétale de l'état d'origine des bosquets (1700) avec leurs charmilles périphériques, masquant des boisements internes maintenus à un niveau relativement bas ? L'avis rendu par la commission en 1993 privilégie la seconde solution, plus fidèle à l'«image de marque» actuelle du château et au parti adopté en matière de restauration architecturale.

Le bosquet des Bains d'Apollon à Versailles, lors des abattages de l'hiver 1774-1775 (ci-dessus). Cette toile d'Hubert Robert illustre les différentes étapes de l'intervention forestière : halage, abattage, toisé des grumes, sciage de long ou dessouchage destinés à dégager l'arrière des statues du parterre du Nord.

La restauration des restaurations

Les restaurations entreprises au siècle dernier sont, elles aussi, parfois au cœur des débats. Doit-on considérer qu'elles appartiennent à l'histoire de l'édifice et les conserver ? ou, au contraire, les faire disparaître pour revenir à un état antérieur ? A Carcassonne, la réinvention de la cité par Viollet-le-Duc est aujourd'hui reconnue comme faisant partie intégrante de son identité et donc pérennisée dans l'état du XIXe siècle, avec ses couvertures en ardoises à forte pente ; les velléités d'un hypothétique retour à des toitures à faible pente en tuiles canal sont abandonnées.

A la basilique Saint-Sernin de Toulouse, au contraire, la commission supérieure préfère par deux votes, l'un en 1979 et l'autre en 1989, préconiser un abandon des modifications dues à Viollet-le-Duc et un retour à l'état antérieur : substitution de tuiles canal aux dalles de pierre sur l'ensemble du chevet, restitution des mirandes et de la toiture débordante

unissant la nef et les premiers collatéraux, supprimés par Viollet-le-Duc. Le principal argument justifiant le vote est fondé sur l'état critique des matériaux mis en œuvre par Viollet-le-Duc au XIXe siècle : restaurer les parties hautes (corniches, modillons, arcatures) telles qu'il les avait imaginées était impossible ; il fallait les reconstruire, en modifiant en outre la pierre choisie et le système d'écoulement des eaux. La commission supérieure préfère retenir le projet de l'architecte en chef Yves Boiret, fondé sur le retour à l'état de 1860 attesté par une série de calotypes.

Dans les années 1970, la Porte narbonnaise (ci-contre) et la tour de l'Evêque ont été recouvertes en tuiles et en bardeaux dans le but d'esquisser un retour à l'état de la cité de Carcassonne antérieur aux travaux de Viollet-le-Duc. Ce parti est aujourd'hui abandonné, et les toitures refaites en 1992 respectent l'apport original du XIXe siècle.

L'architecte Pierre Prunet conçoit pour les ruines de l'église Toussaint d'Angers une couverture contemporaine destinée à mettre l'édifice hors d'eau tout en créant autour des collections du musée David d'Angers une lumière résolument contemporaine (page de droite).

LE TRAITEMENT DES RUINES 97

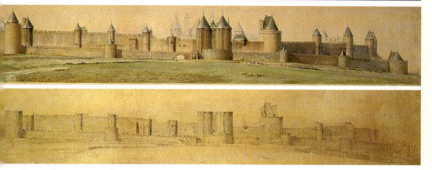

Faut-il restaurer les ruines?

La restauration amène aussi parfois à s'interroger sur le traitement des ruines d'un édifice. Faut-il effacer les blessures, ou les pérenniser parce que leur fragilité même suscite l'émotion et nourrit l'imaginaire? Et si l'on choisit d'en estomper les traces, préférera-t-on mimer ce que l'on sait du passé ou inventer une solution nouvelle? Ce sont là de violents débats où s'affrontent le rêve et la raison. A Jumièges, l'abbaye est cristallisée dans son état de ruines, à ciel ouvert, battues par le vent; l'idée de couvrir ces vestiges, pourtant régulièrement évoquée, paraît toujours sacrilège. Au contraire, le donjon de Falaise et l'église Toussaint d'Angers ont été récemment couverts par

«Il n'est pas besoin de démontrer tout ce qu'il y a d'impérieux dans l'art de la fortification. Ici tout doit être sacrifié au besoin de la défense», écrit Viollet-le-Duc dans son *Dictionnaire raisonné* à l'article portant sur «L'architecture militaire». Il réussit en 1853 à convaincre l'administration militaire, dont dépendait alors la cité de Carcassonne, de la nécessité d'y restituer les parties hautes et les toitures disparues. Le château comtal est restauré en 1890 par l'architecte Boeswillwald dans le même esprit. Ci-dessus, deux dessins de Viollet-le-Duc représentant Carcassonne avant et après restauration.

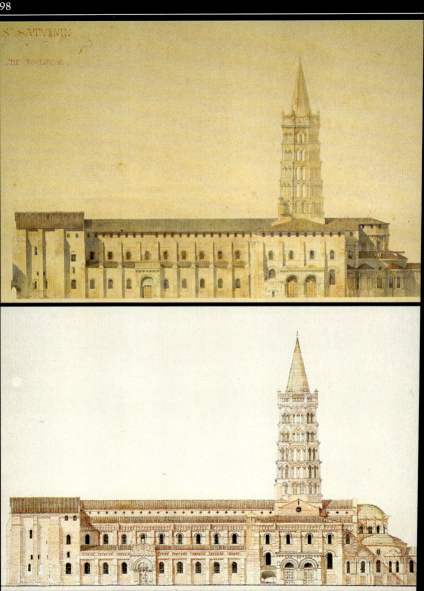

SAINT-SERNIN DE TOULOUSE

A la basilique Saint-Sernin de Toulouse, Viollet-le-Duc substitue aux toitures de tuiles qu'il trouve au chevet des dalles en grès de Carcassonne à couvre-joints saillants. A gauche, en haut, une élévation sud de la basilique dessinée en 1855 par Viollet-le-Duc avant son intervention; en bas, la même élévation sud après les travaux, dessinée par Yves Boiret, l'actuel architecte en chef des Monuments historiques : les mirandes jugées tardives ont été supprimées ainsi que la toiture unique qui couvrait la nef et les premiers collatéraux. Viollet-le-Duc a souhaité rendre perceptibles à l'extérieur les structures intérieures en créant un décrochement entre les différentes toitures. Le grès de Carcassonne s'étant révélé gélif et n'assurant plus l'étanchéité de l'abside et des chapelles, Yves Boiret a choisi de revenir à l'état antérieur en remplaçant les dalles par des couvertures en tuiles (ci-contre deux dessins d'Yves Boiret montrant le chevet, en haut dans l'état Viollet-le-Duc, et en bas tel qu'il sera rétabli.

des créations contemporaines destinées à leur assurer une meilleure conservation tout en affirmant la franchise architecturale des ajouts.

Sur les sites archéologiques, un équilibre est recherché alliant authenticité et lisibilité des ruines. Le prieuré Saint-André de Rosans ou le site de Glanum en offrent deux exemples intéressants. La recherche d'une meilleure lisibilité amène parfois à négocier le retour sur certains sites d'éléments sculptés qui leur appartiennent et en ont été arrachés : le château de Gaillon a ainsi recouvré une partie du décor de sa galerie longtemps conservé dans la cour de l'Ecole des Beaux-Arts à Paris ; le prieuré du Villars en Pyrénées-Orientales a vu ressurgir sur place son portail roman qui servit pendant des années de «fabrique» dans le jardin du château des Mesnuls en Ile-de-France.

Les mêmes questions se posent concernant le traitement du décor sculpté ornant les façades des édifices, rongé par la «maladie de la pierre».

Il y a des ruines que la mémoire collective choisit de gommer : tel fut le cas de la plupart des traces des bombardements des deux dernières guerres pour lesquelles les crédits baptisés «dommages de guerre» permirent de restituer les parties détruites. A Saint-Lô, Yves-Marie Froidevaux choisit un parti inverse. Au lieu de reproduire à l'identique la partie centrale de la façade détruite, l'architecte a proposé d'intégrer une création contemporaine pour souligner le contraste et garder une trace lisible des parties démolies (ci-dessus).

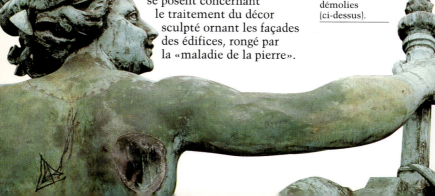

AUTHENTICITÉ ET LISIBILITÉ 101

A la cathédrale de Reims a été expérimenté tout l'éventail des partis possibles : traitement et conservation *in situ* des pierres de la tour nord qui a brûlé, afin de garder le témoignage concret de la barbarie guerrière ; dépose des pierres altérées et remplacement par des copies, des reconstitutions, ou des créations afin de veiller à conserver le jeu de correspondances voulues entre l'architecture et son décor et d'éviter de laisser fondre l'harmonie, la lisibilité et la signification de l'ensemble.

Au tympan du portail de Saint-Ayoul à Provins, le parti d'une création a été retenu, soulignant par les matières choisies le contraste entre sculpture originale et ajout contemporain.

L'usage du laser (ci-dessous), mis au point par le laboratoire de recherche des Monuments historiques permet de nettoyer les pierres noircies, comme à la cathédrale d'Amiens et à Notre-Dame de Paris.

Le traitement de l'épiderme

Au-delà des seules blessures ponctuelles, ces reflexions portent aussi sur la qualité de l'épiderme, usé par le temps et la pollution. Faut-il ou non enduire les façades polychromes faites de briques et de pierres du Sud-Ouest ? Si tel est le cas, s'agit-il d'un enduit épais ou d'un simple lait de chaux qui permet à l'architecte maître d'œuvre d'« aquareller » les façades en leur rendant une cohérence de polychromie qu'elles ont souvent perdue ?

Les années 1960 ont connu la mode des « écorchés », dans laquelle les enduits étaient bannis et les matériaux mis à nu pour demeurer apparents. Le mouvement s'est heureusement inversé aujourd'hui et la qualité de l'épiderme de chaque édifice est remise en valeur dans toute sa matière et son authenticité.

A la façade de Notre-Dame-la-Grande à Poitiers (ci-dessus) on a préféré un nettoyage à la poudre d'oxyde d'alumine, après préconsolidation des éléments sculptés altérés et extraction des sels (sulfates, nitrates et carbonates).

Page de gauche, en bas, les sculptures en bronze du pont Alexandre III à Paris, avant traitement des corrosions superficielles.

Les aménagements liturgiques

Les modifications majeures réalisées ces dernières années sur les monuments religieux n'affectent pas seulement l'extérieur des édifices mais aussi leurs aménagements intérieurs, notamment depuis les nouvelles orientations définies lors du concile Vatican II. L'abandon des autels adossés aux murs et la mise en place dans chaque église d'un autel destiné à célébrer l'office face aux fidèles entraînent une réorganisation des perspectives et des emmarchements dans le chœur et à la croisée du transept. L'attention de la liturgie se concentre

Philippe Kaeppelin a créé en 1988 pour la cathédrale de Mende un maître-autel, une croix et un ambon (ci-dessous). L'ensemble est en étain rehaussé de dorure, et placé en avant de l'ancien maître-autel, encore visible au fond du chœur.

sur l'autel, dans ses nouvelles dispositions, sur le lieu de la parole auquel fait pendant le lieu où siège le célébrant pendant les lectures. La chaire tombe au contraire en désuétude, au point de disparaître dans de nombreux édifices, la perte d'usage ayant parfois fait oublier son intérêt historique ou sa qualité artistique. Les confessionnaux apparaissent eux aussi très menacés, le clergé préférant souvent l'aménagement de chapelles de confession plus spacieuses.

Cette remise en valeur liée à l'évolution de la liturgie aboutit parfois à l'apparition d'un mobilier nouveau : la cathédrale de Mende reçoit un autel dessiné et réalisé par Kaeppelin, Chartres s'enrichit

A Saint-Lizier, en Ariège, le Trésor a été aménagé dans une petite sacristie (à droite) qui ouvre sur le cloître à l'intérieur d'une niche remise en valeur à cette occasion.

LES TRÉSORS D'OBJETS SACRÉS 103

des œuvres de l'orfèvre Goudji, Notre-Dame de Paris a récemment accueilli la croix conçue par Marc Couturier et l'église Notre-Dame-du-Bourg à Digne-les-Bains le mobilier de David Rabinovich.

La présentation des Trésors

Indépendamment des évolutions liturgiques, des Trésors d'objets sacrés ont été aménagés et présentés au public depuis les années 1960 dans de nombreux édifices culturels.
L'objectif était de garantir la conservation de ces œuvres affectées au culte, souvent d'une extrême préciosité, dans de bonnes conditions de sécurité, tout en les maintenant sur le lieu même qui leur donne historiquement, cultuellement et architecturalement leur pleine signification. Les premières présentations relevaient plus d'une logique d'«accumulation» que d'une véritable muséographie : les anciennes armoires contenant les Trésors d'Auxerre ou de Conques évoquent les vitrines des cabinets de curiosités, remaniées pour celles de Saint-Sernin de Toulouse en coffres-forts ajourés. L'aménagement du Trésor de Conques en 1955 par Jean Taralon ouvre la voie à de nouvelles présentations alliant émotion et pédagogie. Le mouvement se poursuit avec les Trésors organisés à l'instigation de Georges Costa et Pierre-Marie Auzas à Saint-Sernin de Toulouse, à Saint-Bertrand de Comminges ou à la cathédrale Notre-Dame de Paris.

Il s'agit aussi de les rendre accessibles au public alors qu'ils étaient, au Moyen Age, conservés dans de véritables chambres fortes d'où ils n'étaient soustraits

L'ancienne présentation du Trésor de Conques (ci-dessous) montre les objets simplement juxtaposés dans une vitrine. En 1955, la réorganisation fut précédée d'un démontage des œuvres et de leur restauration. Ce fut le cas pour la majesté de Sainte-Foy, le reliquaire dit de Pépin, la lanterne de Bégon et le «A» de Charlemagne.

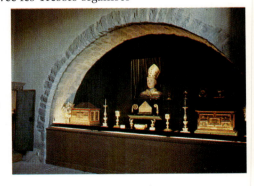

104 DE LA SAUVEGARDE À LA MISE EN VALEUR

que pour servir à l'exercice du culte ou à son ornement lors de cérémonies exceptionnelles. Parmi ces ensembles d'objets sacrés, apparaissent des éléments d'orfèvrerie (calices, ciboires, ostensoirs, encensoirs, crosses), mais aussi des émaux, des ivoires, des reliquaires en bois polychrome ou doré, et de nombreux tissus de qualité exceptionnelle (devants d'autel, ornements). Les aménagements récents des Trésors de Nantes et de Bayeux montrent que le principe de ces Trésors reste d'une grande actualité, même si les matériaux retenus se renouvellent.

L'enrichissement intérieur des châteaux appartenant à l'Etat

De nouveaux aménagements intérieurs ont aussi affecté les châteaux appartenant à l'Etat. Parmi ceux-ci figuraient de nombreux édifices qui ne conservaient aucun mobilier et qu'il convenait de présenter meublés. Les acquisitions réalisées en vente publique ont permis de récupérer progressivement des décors de qualité. L'idéal est bien sûr de les replacer à l'endroit exact qu'ils occupaient : ceci a été réalisé à Versailles, à Fontainebleau, à Compiègne ou Malmaison, où des inventaires détaillés existent,

Lors d'une vente publique en 1991, le ministère de la Culture a préempté un clavecin à deux claviers du facteur rémois Gosset (ci-dessus) ; il est aujourd'hui présenté au château de Champs-sur-Marne (ci-contre) qui a été donné à l'Etat avec toutes ses collections en 1935 par le comte Cohen d'Anvers.

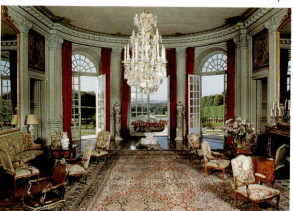

LES CHÂTEAUX DE L'ÉTAT

Après avoir fait l'objet d'un programme complet de restauration, mené par Jean Trouvelot, le château de Châteaudun (ci-dessous, avant les travaux), devient à l'instigation de l'inspecteur général Jean Verrier un lieu privilégié de présentation pour des tapisseries représentatives de la production des ateliers parisiens avant la création de la Manufacture des Gobelins : la tenture des *Chasses*

mais aussi à Chambord ou à l'hôtel de ville de Paris. Lorsque le mobilier d'origine demeure inaccessible, l'aménagement des lieux vise à adapter leur vocation muséale au caractère architectural ou à l'histoire de l'édifice : le château de Châteaudun reçoit la tenture des *Chasses de François Ier*, acquise en 1942, et celui de Tarascon, la tenture de *L'Histoire de Scipion*, préemptée en 1981. Pierrefonds reçoit la collection de statues et d'ornements décoratifs en plomb et cuivre de la maison Monduit, fournisseur au siècle dernier des Monuments historiques, acquise en 1968. Quelques édifices ont en outre bénéficié des dépôts des musées ou du Mobilier national.

Certains châteaux comme Carrouges, Bussy-Rabutin et Talcy sont au contraire achetés par l'Etat avec leur mobilier ; d'autres, tels que Jossigny, Aulteribe ou Castelnau-Bretenoux lui sont légués avec leurs collections. Parfois le décor intérieur doit, aux termes de la donation, demeurer inchangé. Champs-sur-Marne devient ainsi propriété publique en 1935 à l'instigation du comte Cohen d'Anvers qui souhaite que l'Etat veille après sa mort à conserver intact «un ensemble que ses parents et lui-même ont depuis 1895 reconstitué dans sa splendeur passée».

de François Ier (en haut, à gauche) y trouve place dès son acquisition en 1942.

106 DE LA SAUVEGARDE À LA MISE EN VALEUR

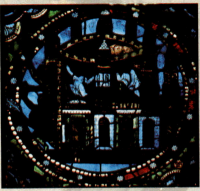

L'attention portée aux décors, aux orgues et aux objets d'art

Châteaux, églises, cathédrales aujourd'hui monuments historiques conservent pour la plupart d'entre eux des œuvres de qualité exceptionnelle qui méritent un entretien et une vigilance constante. D'importants travaux concernent notamment les orgues classées, dont la restauration de la partie instrumentale soulève souvent en Commission supérieure des débats analogues à ceux portant sur la remise en valeur des édifices.
La volonté de cohérence des ensembles, sensible en matière de protection, guide aussi les efforts de restauration : vitraux, plafonds et décors peints, stalles et lambris, autels et retables, cycles de tableaux ou tentures de tapisseries tendent à être pris en compte dans une logique globale. Les projets de remise

Ce détail de la verrière de l'Enfance du Christ (XIIe siècle), située à la façade occidentale de la cathédrale de Chartres, avant et après travaux, met en évidence le nettoyage et le traitement des verres.

Autrefois située dans la chapelle des évêques d'Albi au château de Combefa, détruit en 1774, la *Mise au Tombeau* de Monestiès (Tarn) a été remise en valeur, après dégagement des repeints et de la patine à la cire (ci-dessus).

LE TRAITEMENT DES ŒUVRES   107

en valeur de ces décors, comme d'œuvres
classées isolées, font régulièrement l'objet d'études
préalables permettant comme pour les immeubles
d'entreprendre toutes les investigations nécessaires
avant de déterminer le parti de restauration à retenir.
Ce fut notamment le cas pour les gisants de
Fontevrault, la *Mise au tombeau* de Monesties,
l'*Adoration des bergers* de Rubens à Soissons,
ou l'*Assomption* de Seghers à Calais.

La présence d'une œuvre remarquable comme
un Christ en croix, une Mise au tombeau, une Vierge
ou une pietà dans un édifice
non protégé réussit aussi parfois
à entraîner un mouvement d'étude,
de protection et de mise en valeur
du cadre architectural qui l'abrite et
peut se révéler d'un intérêt inédit.

La remise en valeur des abords

Restauration architecturale
et réaménagement intérieur
ont souvent été complétés par
d'importants travaux de remise
en valeur des abords des édifices
concernés. Dès 1786 avait été
décidé le dégagement de
l'amphithéâtre de Nîmes envahi
par des constructions parasites
masquant les gradins. Les théâtres
d'Arles et d'Orange sont à leur
tour déblayés et restaurés à partir
de 1823. La loi de 1913 prévoit que «soient compris,
parmi les immeubles susceptibles d'être classés,
les immeubles dont le classsement est nécessaire
pour isoler, dégager ou assainir un immeuble classé
ou proposé au classement».

Cette notion d'«abords» des monuments
historiques a été affinée ultérieurement par la loi
du 25 février 1943, qui prévoit l'instauration autour
de chaque édifice classé d'un périmètre de 500 mètres
dans lequel toute modification architecturale est
assujettie à une vigilance particulière, confiée aux
architectes des Bâtiments de France. La loi dite

L'*Adoration des Bergers* de Rubens (1618-1620) conservée depuis deux siècles à la cathédrale de Soissons a fait l'objet d'un allégement de vernis qui a permis de retrouver l'intensité des coloris et les jeux d'ombres et de lumière, et de découvrir les deux blasons de la ville de Soissons et de l'évêque Simon Legras.

108 DE LA SAUVEGARDE À LA MISE EN VALEUR

«loi Malraux» du 4 septembre 1962 étend l'idée d'espaces protégés aux centres anciens, dits «secteurs sauvegardés».

Une nouvelle étape fut franchie en 1983 avec la création des Zones de protection du patrimoine architectural et urbain (ZPPAU), destinées à permettre une évolution cohérente de l'ensemble formé par un ou plusieurs monuments et les bâtiments leur servant d'écrin, et ceci dans un cadre plus souple que celui prévu pour les secteurs sauvegardés.

Une attention particulière est aussi accordée aux places monumentales, comme la place Vendôme pour laquelle une «charte architecturale» est en cours d'élaboration afin d'éviter que des initiatives ponctuelles, introduisant des devantures en bois ou des enseignes publicitaires, masquent les arcades de pierre et perturbent la lisibilité de l'ensemble. L'organisation des bastides dans le Sud-Ouest, à partir d'une trame spécifique en damier, bénéficie elle aussi de mesures de protection. Il arrive également qu'à l'occasion des difficultés de conservation rencontrées sur le décor sculpté d'un édifice, la Commission supérieure des Monuments historiques soit saisie d'un remodelage plus large de son environnement immédiat : ce fut le cas récemment pour l'abbatiale Saint-Pierre de Moissac où l'examen de l'altération des sculptures du portail sud induisit le décaissement de l'édifice ainsi que le réaménagement et la piétonnisation des abords.

L'appel à la création

A partir de 1957, Jean Verrier, Jacques Dupont puis François Enaud, successivement inspecteurs généraux des Monuments

Sarlat (à gauche) fut l'une des premières villes avec Avignon, Colmar, Lyon, Tours et Paris (quartier du Marais) à bénéficier de la création en 1964 d'un secteur sauvegardé tel que les définissait la loi de 1962 dite «Loi Malraux».

LE RESPECT DES ABORDS 109

historiques, font appel aux peintres contemporains :
ils les invitent à s'intéresser à l'art du vitrail en les
associant aux créations de larges ensembles vitrés
dans les monuments historiques. Manessier avait
dès 1948 créé l'événement et le
scandale dans la petite église de
Brézeux en Franche-Comté. C'est
à la cathédrale de Metz qu'ont
lieu peu après les premières
expériences de l'Etat : Jacques
Villon, Bissière, puis Chagall
y participent. Braque offre
en 1961 des vitraux à
l'église de Varengeville
où plus tard Ubac
sera appelé.
Bazaine en 1972 fait ruisseler d'eau
et de feu le déambulatoire de Saint-
Séverin à Paris, Miró conçoit la
vitrerie de la façade puis du chœur
de l'église Saint-Frambourg de
Senlis ; Raynaud celle de l'abbaye
cistercienne de Noirlac en 1976.
A la recherche d'une lumière
d'albâtre, Pierre Soulages
contribue à la mise en œuvre
en 1986 d'un verre nouveau
pour l'abbatiale Sainte-Foy
à Conques qui bouleverse
la lumière et donc la
perception architecturale
de l'édifice. Simultanément
sont lancées deux autres
importantes campagnes
de vitraux : l'une concerne
la cathédrale de Saint-Dié
où le programme envisagé
associe notamment Bazaine,
Manessier, Bony, Gutherz
et Clavie de Rougemont ;
la seconde intéresse la
cathédrale de Nevers où
interviennent Alberola,

Parmi les places ordonnancées, dont la cohérence architecturale exige une vigilance particulière, la place Vendôme à Paris (ci-dessus) fait l'objet d'un projet de «charte architecturale».

Dans l'église de Charleville-Mézières (Ardennes), René Dürrbach, peintre, sculpteur et cartonnier de tapisseries, achève en 1979 un ensemble de verrières (au centre).

Honneger, Lupertz, Rouan et Viallat. Très proches
de ces peintres, les maîtres verriers jouent un rôle
essentiel dans la mise en œuvre de ces projets ;
ils consacrent eux-mêmes une part croissante
de leur activité à la création.

Le souci d'intégrer des œuvres contemporaines
aux monuments historiques n'intéresse pas le seul
domaine du vitrail. Dans la tradition des grandes
commandes publiques du siècle précédent auxquelles
sont dues notamment les peintures d'Eugène
Delacroix réalisées au Sénat et à l'Assemblée
nationale, Braque reçoit en 1953 la mission d'achever
le panneau central du plafond de la salle Henri II au
Louvre ; quelques années après, André Malraux confie
à Marc Chagall la création d'un nouveau décor pour
le plafond de l'Opéra de Paris qui vient dissimuler la
composition précédente de Jules-Eugène Lenepveu.

Plus récemment, l'abbatiale de Murbach, en Alsace,
reçoit de nouvelles portes en bronze créées par
Arlette Parvine-
Curie,

Les engravures
imaginées et mises
en place par Daniel
Dezeuze sur le sol de
l'église Saint-Laurent
du Puy-en-Velay
(page de droite)
tiennent compte des
contraintes liées à la
présence du mobilier
en alliant plusieurs
pierres du pays ;
l'artiste a souhaité
suggérer par ces lignes
le gril du martyre
de saint Laurent.

André Malraux
a confié à Chagall,
en 1962, le soin de
créer à l'Opéra de Paris
un nouveau plafond
peint (ci-dessous) qui
est venu recouvrir le
décor du XIXe siècle et
divisa alors l'opinion.

LA CRÉATION DANS LES MONUMENTS HISTORIQUES 111

et l'église Saint-Laurent du Puy accueille un jeu d'engravures dessiné par Daniel Dezeuze pour rehausser les plages colorées qui composent son pavement.

L'abbatiale de Brou, les jardins des Tuileries et du Palais-Royal à Paris, ainsi que le domaine de Kerguehennec à Locminé servent d'écrins pour une suite d'œuvres sculptées, conçues pour y prendre place. Dans les Deux-Sèvres, le château d'Oiron est devenu depuis 1993 un lieu privilégié où sont exposées et cohabitent un ensemble de commandes publiques d'inspirations et de techniques très différentes ; les récents aménagements y témoignent de la volonté de faire de ce château, acquis par l'Etat en 1941 vide et délabré, un lieu de dialogue entre patrimoine et art contemporain.

Ces différentes expériences d'intégration d'œuvres contemporaines dans les monuments historiques ont montré la nécessité d'établir au préalable, pour chacune de ces opérations, un cahier des charges précis permettant aux artistes qui ont été retenus d'intervenir en respectant ce qui définit le génie de chaque lieu. Certaines d'entre elles ont déjà rejoint le patrimoine protégé. D'autres espèrent incarner la mémoire de demain. Quelles sont parmi les créations actuelles celles qui seront jugées au XXIe siècle d'intérêt public «au regard de l'art, de l'histoire, de la science ou de la technique», selon les termes de la loi de 1913 ? Le débat reste ouvert…

Bâti à la fin du XVIe siècle, le château d'Oiron abrite depuis 1993 une collection d'œuvres contemporaines évoquant les cinq sens, commandées par l'Etat, et qui s'inspire de l'idée des anciens cabinets de curiosité.

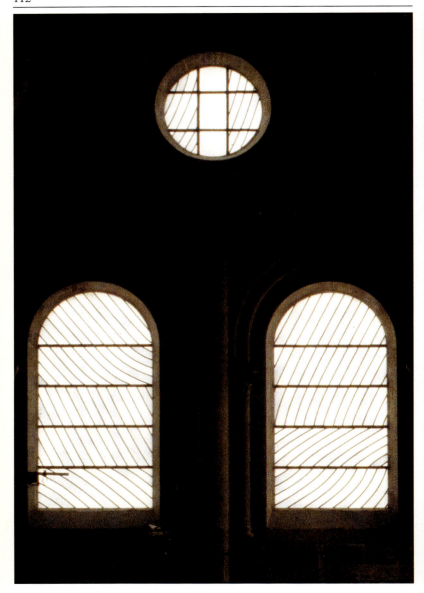

TÉMOIGNAGES ET DOCUMENTS

Pour créer une nouvelle lumière dans l'abbatiale de Conques,
proche de celle que donnaient aux églises du Haut Moyen Age
les vitraux d'albâtre, Pierre Soulages met au point
avec le maître-verrier Jean-Dominique Fleury
un verre de densité irrégulière
destiné à révéler les détails architecturaux :
«Je n'ai été animé, écrit-il, que par la volonté de servir
cette architecture telle qu'elle est parvenue jusqu'à nous,
en respectant la pureté des lignes et des proportions,
les modulations des tons de la pierre,
la vie d'un espace si particulier.
Le but de ma recherche a été de les donner à voir.»
(illustrations page de gauche et ci-dessus).

Les ruines : ouvrage du temps ou victimes des hommes?

Lorsqu'il écrit en 1802 Le Génie du Christianisme, *Chateaubriand tente d'analyser l'attrait qu'éprouvent les hommes pour les ruines. Dans* Notre-Dame de Paris, *Victor Hugo évoque les blessures et les cicatrices qui marquent la façade de la cathédrale. John Ruskin proteste à son tour, dans* Les Sept Lampes de l'architecture, *contre les interventions abusives et glorifie le lent travail du temps et la «patine dorée» qu'apporte aux pierres la succession des années.*

Tous les hommes ont un secret attrait pour les ruines.

Le sentiment tient à la fragilité de notre nature, à une conformité secrète entre ces monuments détruits et la rapidité de notre existence.

Il s'y joint, en outre, une idée qui console notre petitesse, en voyant que des peuples entiers, des hommes quelquefois si fameux, n'ont pu vivre cependant au-delà du peu de jours assignés à notre obscurité.

Ainsi les ruines jettent une grande moralité au milieu des scènes de la nature; quand elles sont placées dans un tableau, en vain on cherche à porter les yeux autre part : ils reviennent toujours s'attacher sur elles. Et pourquoi les ouvrages des hommes ne passeraient-ils pas quand le soleil qui les éclaire doit lui-même tomber de sa voûte? [...]

Il y a deux sortes de ruines : l'une, ouvrage du temps, l'autre, ouvrage des hommes.

Les premières n'ont rien de désagréable, parce que la nature travaille auprès des ans.

Font-ils des décombres, elle y sème des fleurs, entrouvrent-ils un tombeau, elle y place le nid d'une colombe : sans cesse occupée à reproduire, elle environne la mort des plus douces illusions de la vie.

Les secondes ruines sont plutôt des dévastations que des ruines : elles n'offrent que l'image du néant, sans une puissance réparatrice. Ouvrage du malheur et non des années, elles ressemblent aux cheveux blancs sur la tête de la jeunesse. Les destructions des hommes sont d'ailleurs plus violentes

Les restaurations du XIXe siècle ne sont pas à l'abri de l'usure des ans, comme en témoigne ci-contre Saint-Sernin de Toulouse.

et plus complètes que celles des âges : les seconds minent, les premiers renversent.

Quand Dieu, pour des raisons qui nous sont inconnues, veut hâter les ruines du monde, il ordonne au temps de prêter sa faux à l'homme : et le temps nous voit avec épouvante ravager dans un clin d'œil ce qu'il eût mis des siècles à détruire.

Chateaubriand,
Le Génie du christianisme, 1802

«Notre-Dame de Paris»

Sans doute c'est encore aujourd'hui un majestueux et sublime édifice que l'église de Notre-Dame de Paris. Mais, si belle qu'elle se soit conservée en vieillissant, il est difficile de ne pas soupirer, de ne pas s'indigner devant les dégradations, les mutilations sans nombre que simultanément le temps et les hommes ont fait subir au vénérable monument, sans respect pour Charlemagne qui en avait posé la première pierre, pour Philippe-Auguste qui en avait posé la dernière.

Sur la face de cette vieille reine de nos cathédrales, à côté d'une ride on trouve toujours une cicatrice. *Tempus edax, homo edacior*. Ce que je traduirais volontiers ainsi : le temps est aveugle, l'homme est stupide. […] Trois sortes de ravages défigurent aujourd'hui l'architecture gothique. Rides et verrues à l'épiderme, c'est l'œuvre du temps; voies de fait, brutalités, contusions, fractures, c'est l'œuvre des révolutions depuis Luther jusqu'à Mirabeau. Mutilations, amputations, dislocations de la membrure, *restaurations*, c'est le travail grec, romain et barbare des professeurs selon Vitruve et Vignole. Cet art magnifique que les vandales avaient produit, les académies l'ont tué. Aux siècles, aux révolutions qui dévastent du moins avec impartialité et grandeur, est venue s'adjoindre la nuée des architectes d'école, patentés, jurés et assermentés, dégradant avec le discernement et le choix du mauvais goût, substituant les chicorées de Louis XV aux dentelles gothiques pour la plus grande gloire du Parthénon. C'est le coup de pied de l'âne au lion mourant. C'est le vieux chêne qui se couronne, et qui, pour comble, est piqué, mordu, déchiqueté par les chenilles.

Victor Hugo, *Notre-Dame de Paris*, 1830

«La Lampe du souvenir»

La plus grande gloire d'un édifice réside en effet ni dans ses pierres, ni dans son or. Sa gloire est toute dans son âge, dans cette sensation profonde d'expression, de vigilance grave, de sympathie mystérieuse, d'approbation même ou de blâme qui pour nous se dégage de ses murs, longuement baignés par les flots rapides de l'humanité. C'est dans leur témoignage durable devant les hommes, dans leur contraste tranquille avec le caractère transitoire de toutes choses, dans la force qui, au milieu de la marche des saisons et du temps, du déclin et de la naissance des dynasties, des modifications de la face de la terre et des bornes de la mer, conserve impérissable la beauté de ses formes sculptées, relie successivement l'un à l'autre les siècles oubliés et constitue en partie l'identité des nations, comme elle en concentre la sympathie; c'est dans cette patine dorée des ans, qu'il nous faut chercher la vraie lumière, la couleur et le prix de son architecture.

John Ruskin,
Les Sept Lampes de l'architecture,
«La Lampe du souvenir» (1849),
trad. G. Elwall,
Mercure de France, 1904

Mérimée et «La Vénus d'Ille»

Inspecteur général des Monuments historiques de 1834 à 1853, Prosper Mérimée sillonne l'ensemble du territoire national à la recherche de monuments et d'œuvres qui méritent d'être révélés, protégés ou mis en valeur. Il a rendu compte de ses découvertes dans ses notes de voyages qui témoignent à la fois de l'état des édifices à la date de son passage et de ses goûts et connaissances personnelles. Les rapports qu'il adresse au terme de chacune de ces tournées au ministre de l'Intérieur contiennent souvent des propos qui restent aujourd'hui d'une étonnante actualité.

D essiné par Mérimée, l'arc de Saintes, l'un des nombreux monuments qu'il sauve de la démolition.

Un rapport au ministre de l'Intérieur

Je ne dois point terminer ce rapport, Monsieur le Ministre, sans vous faire observer que je me suis borné à vous adresser des demandes de secours pour les édifices dont la situation est telle, qu'ils en ont un indispensable besoin. Je sais combien sont insuffisants les fonds mis à la disposition de votre département, et j'ai fait mes efforts pour restreindre mes propositions dans les limites de la plus rigoureuse économie. A vrai dire, il n'y a pas un monument, dans les provinces que j'ai visitées, qui n'exige des réparations. Entre tant de nécessités, il m'a fallu choisir les plus urgentes, et peut-être sera-t-il difficile de pourvoir à celles-là seulement. La situation où se trouvent aujourd'hui tant de beaux édifices, tant de monuments nationaux, est réellement déplorable et s'empire tous les jours. Je n'ai pas besoin de vous rappeler que plus les secours se font attendre, plus ils doivent être abondants. Telle voûte lézardée aurait été consolidée l'année dernière avec quelques journées de travail, qui, après un hiver pluvieux, menace ruine; et il

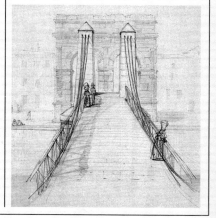

devient nécessaire de la refaire complètement. Le temps n'est pas éloigné où les ressources ordinaires se trouveront tout-à-fait insuffisantes pour remédier aux dommages que le temps et une funeste imprévoyance accumulent tous les jours. Alors il faudra se demander s'il convient de laisser périr à la fois tous les souvenirs de notre histoire, tous les monuments créés par nos ancêtres, tous ces nobles édifices qui attestent le génie et la splendeur des siècles passés. Quelques-uns les verront disparaître d'un œil indifférent, et diront qu'on peut prier Dieu aussi bien dans un grand hangar que dans une cathédrale gothique, et que, pourvu que nous ayons des canaux et des chemins de fer, il importe peu que tous les ouvrages d'art périssent. Mais j'ai trop bonne opinion de notre pays pour croire qu'il se résigne ainsi froidement à l'abandon d'une si grande partie de sa gloire. Des sacrifices énormes, devenus nécessaires, seront consentis, j'aime à le penser; mais aujourd'hui, à moins de frais, on pourrait retarder indéfiniment l'époque de ruine universelle qui s'approche rapidement. Il est encore temps de la prévenir, et des secours prompts, immédiats, seraient moins onéreux que des restaurations tardives commandées par une impérieuse nécessité. Que les allocations consacrées à l'entretien de nos grands édifices soient enfin proportionnées à leurs besoins actuels; que de grands travaux entrepris simultanément dans toute la France arrêtent les progrès de la destruction. Aujourd'hui une somme triple de celle qu'on affecte annuellement à cet objet serait peut-être suffisante : dans quelques années il faudra la centupler.

J'ajouterai que l'état des arts, et particulièrement de l'architecture de notre époque, serait une garantie que les réparations réclamées seraient exécutées avec goût et dans le style convenable à leur origine. On comprend le moyen-âge à la fin, on l'étudie, et l'on est sorti de la routine exclusive où l'on s'est traîné si longtemps.

Il appartiendrait, Monsieur le Ministre, à une administration qui a déjà imprimé aux arts un mouvement si heureux, de conserver au pays ses gloires antiques tout en lui en donnant de nouvelles, et je ne doute pas que les moyens ne vous soient aussitôt accordés par son bon sens et sa munificence.

Prosper Mérimée, *Notes d'un voyage dans l'Ouest de la France*, 1836

A Vézelay

Il me reste à parler des dégradations épouvantables qu'a subies cette magnifique église. Les murs sont déjetés, fendus, pourris par l'humidité. On a peine à comprendre que la voûte toute crevassée subsiste encore. Lorsque je dessinais dans l'église, j'entendais à chaque instant des petites pierres se détacher et tomber autour de moi. La toiture est dans un état pitoyable; enfin il n'est aucune partie de ce monument qui n'ait besoin de réparations.

La ville de Vézelay, qui n'a guère qu'un millier d'habitants, est pauvre, sans industrie, éloignée de grandes routes, dans une position peu accessible. Il lui est impossible de subvenir, je ne dis pas aux réparations nécessaires, mais même à celles qui n'auraient pour but que d'empêcher les progrès de la destruction. Aussi le mal s'accroît tous les jours. Si l'on tarde encore à donner des secours à la Madeleine, il faudra bientôt prendre le parti de l'abattre pour éviter les accidens.

J'ai demandé des secours à M. le Ministre de l'Intérieur et à M. le Ministre des Cultes, mais les ressources qu'ils ont à leur disposition sont limitées, et doivent être réparties sur toute la France. Le conseil-général du département de l'Yonne devrait apporter aussi sa quote part dans les frais de réparation, et se conserver ainsi l'un de ses plus anciens et de ses plus beaux monuments.

Prosper Mérimée, *Notes d'un voyage dans le Midi de la France*, 1835

A la cathédrale Sainte-Cécile d'Albi

J'ai été sévère pour l'extérieur de la cathédrale; à l'intérieur, je n'aurai guère que des éloges à donner. La voûte, très élevée et d'une étonnante hardiesse, est ornée d'admirables peintures qui se détachent sur un fond d'azur et d'or. D'autres fresques aussi remarquables décorent les chapelles latérales. Au milieu du chœur, un jubé magnifique reproduit les formes gracieuses de l'enceinte de la plate-forme. La sculpture du XVe siècle y a épuisé tous ses délicieux caprices, toute sa patience, toute sa variété. On passerait des heures entières à considérer ces détails gracieux et toujours nouveaux, à se demander avec un étonnement sans cesse renaissant, comment on a pu trouver tant de formes élégantes sans les répéter, comment on a pu faire, avec une matière fragile, une pierre dure et cassante, ce que de nos jours on oserait à peine tenter avec du fer ou du bronze. – Je n'aime pas les jubés : ils rapetissent les églises; ils me font l'effet d'un grand meuble dans une petite chambre. Pourtant celui de Sainte-Cécile est si élégant, si parfait de travail, que, tout entier à l'admiration, on repousse la critique, et que l'on a honte d'être raisonnable en présence de cette magnifique folie.

Prosper Mérimée, *idem*

«La Vénus d'Ille»

De retour d'une tournée dans le Roussillon, Mérimée voit au musée des Augustins de Toulouse une tête en marbre noir dont le blanc des yeux est figuré par des morceaux d'agathe où sont ménagées des cavités qui ont dû recevoir des prunelles en métal ou en pierres brillantes.

Comme Mérimée, Viollet-le-Duc (ci-dessous dessiné par lui-même dans une lettre) parcourt la France à cheval.

Pour l'antiquaire toulousain Alexandre Du Mège, cette tête trouvée dans les fouilles de Callagaris était celle d'une Vénus. Cette hypothèse, peu vraisemblable, séduit Mérimée qui s'inspire de cette sculpture pour écrire en 1837 La Vénus d'Ille. Il avoua plus tard que c'était là de tous ses ouvrages celui qu'il préférait. Il y révèle son goût pour le mystère et le fantastique.

Cette expression d'ironie infernale était augmentée peut-être par le contraste de ses yeux incrustés d'argent et très brillants avec la patine d'un vert noirâtre que le temps avait donnée à toute la statue. Ces yeux brillants produisaient une certaine illusion qui rappelait la réalité, la vie. Je me souviens de ce que m'avait dit mon guide, qu'elle faisait baisser les yeux à ceux qui la regardaient. Cela était presque vrai, et je ne pus me défendre d'un mouvement de colère contre moi-même en me sentant un peu mal à mon aise devant cette figure de bronze.

«Maintenant que vous avez tout admiré en détail, mon cher collègue en antiquaillerie, dit mon hôte, ouvrons,

L a Vénus d'Ille, conservée aujourd'hui au musée Saint-Raymond, à Toulouse.

s'il vous plaît, une conférence scientifique. Que dites-vous de cette inscription, à laquelle vous n'avez point pris garde encore?»

Il me montrait le socle de la statue, et j'y lus ces mots : *CAVE AMANTEM.*

«*Quid dicis, doctissime?* me demanda-t-il en se frottant les mains. Voyons si nous nous rencontrerons sur le sens de ce *cave amantem*!

«Mais, répondis-je, il y a deux sens. On peut traduire : "Prends garde à celui qui t'aime, défie-toi des amants." Mais, dans ce sens, je ne sais si *cave amantem* serait d'une bonne latinité. En voyant l'expression diabolique de la dame, je crois plutôt que l'artiste a voulu mettre en garde le spectateur contre cette terrible beauté. Je traduirais donc : "Prends garde à toi si *elle* t'aime."

Prosper Mérimée, *La Vénus d'Ille*, 1837

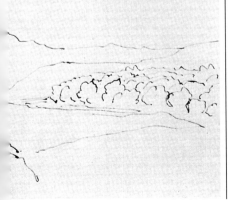

La crainte des restaurations abusives

Dès la parution de Notre-Dame de Paris *en 1830, Victor Hugo dénonce les crimes commis par les mauvais «restaurateurs» : «...c'est le coup de pied de l'âne au lion mourant», écrit-il. John Ruskin en 1849, puis Auguste Rodin en 1914 alertent à leur tour l'opinion sur la perte d'authenticité et de «matière sensible», à laquelle aboutissent les restaurations abusives.*

Tête d'un contrefort de la tour Sud de Notre-Dame de Paris, par Viollet-le-Duc.

«A l'arc de Triomphe»

La vieillesse couronne et la ruine achève.
Il faut à l'édifice un passé dont on rêve,
Deuil, triomphe ou remords.
Nous voulons, en foulant son enceinte pavée,
Sentir dans la poussière à nos pieds soulevée
De la cendre des morts!

Il faut que le fronton s'effeuille comme un arbre.
Il faut que le lichen, cette rouille du marbre,
De sa lèpre dorée au loin couvre le mur;
Et que la vétusté, par qui tout art s'efface,
Prenne chaque sculpture et la ronge à la face,
Comme un avide oiseau qui dévore un fruit mûr.

Il faut qu'un vieux dallage ondule sous les portes,
Que le lierre vivant grimpe aux acanthes mortes,
Que l'eau dorme aux fossés;
Que la cariatide, en sa lente révolte,
Se refuse, enfin lasse, à porter l'archivolte,
Et dise : C'est assez!

Ce n'est pas, ce n'est pas entre des pierres neuves
Que la bise et la nuit pleurent comme des veuves.
Hélas! d'un beau palais le débris est plus beau.
Pour que la lune émousse à travers la nuit sombre
L'ombre par le rayon et le rayon par l'ombre,
Il lui faut la ruine à défaut du tombeau!

Victor Hugo,
Les Voix intérieures, 1837

La mise en garde de John Ruskin

La vraie signification du mot *restauration* n'est comprise ni du public ni de ceux à qui incombe le soin de nos monuments publics. Il signifie la destruction la plus complète que puisse souffrir un édifice; destruction d'où ne se pourra sauver la moindre parcelle; destruction accompagnée d'une fausse description du monument détruit. Ne nous abusons pas sur cette question si importante : il est *impossible*, aussi impossible que de ressusciter les morts, de restaurer ce qui fut jamais grand ou beau en architecture. Ce qui, comme je l'ai dit plus haut, constitue la vie de l'ensemble, cette âme que seuls peuvent donner les bras et les yeux de l'artisan, ne se peut jamais reconstituer. Une autre époque lui pourra donner une autre âme, mais ce sera alors un nouvel édifice. On n'évoquera pas l'esprit de l'artisan mort; on ne lui fera pas diriger d'autres mains et d'autres pensées. Quant à une pure imitation absolue, elle est matériellement impossible. Quelle imitation peut-on faire de surfaces dont un demi-pouce d'épaisseur a été usé? Tout le fini de l'œuvre se trouvait dans ce demi-pouce d'épaisseur disparu; si vous tentez de restaurer ce fini, vous ne le faites que par supposition; si vous copiez ce qu'il reste en admettant la possibilité de le faire fidèlement (et quelle attention, quelle vigilance ou quelle dépense nous le pourront garantir?) en quoi ce nouveau travail l'emportera-t-il sur l'ancien? Il y avait dans l'ancien de la vie, une mystérieuse suggestion de ce qu'il avait été et de ce qu'il avait perdu; du charme dans ces tendres lignes, œuvre du soleil et des pluies. Il n'en peut y avoir aucune dans la dureté brutale de la sculpture nouvelle. [...]

Le principe des temps modernes [...] consiste d'abord à négliger les édifices, puis à les restaurer. Prenez soin de vos monuments et vous n'aurez nul besoin de les restaurer. Quelques feuilles de plomb placées en temps voulu sur la toiture, le balayage opportun de quelques feuilles mortes et de brindilles de bois obstruant un conduit sauveront de la ruine à la fois murailles et toiture. Veillez avec vigilance sur un vieil édifice; gardez-le de votre mieux et par *tous* les moyens de toute cause de délabrement. Comptez-en les pierres comme vous le feriez pour les joyaux d'une couronne; mettez-y des gardes comme vous en placeriez aux portes d'une ville assiégée; liez-le par le fer quand il se désagrège; soutenez-le à l'aide de poutres quand il s'affaisse; ne vous préoccupez pas de la laideur du secours que vous lui apportez, mieux vaut une béquille que la perte d'un membre; faites-le avec tendresse, avec respect, avec une vigilance incessante, et encore plus d'une génération naîtra et disparaîtra à l'ombre de ses murs. Sa dernière heure enfin sonnera; mais qu'elle sonne ouvertement et franchement, et qu'aucune substitution déshonorante et mensongère ne le vienne priver des devoirs funèbres du souvenir. [...]

La conservation des monuments du passé n'est pas une simple question de convenance ou de sentiment. *Nous n'avons pas le droit d'y toucher.* Ils ne nous appartiennent pas. Ils appartiennent en partie à ceux qui les ont construits, en partie à toutes les générations d'hommes qui viendront après nous.

John Ruskin,
Les Sept Lampes de l'architecture, (1849),
trad. G. Elwall,
Mercure de France, 1904

Les vraies pierres précieuses

Je suis plus choqué, peut-être, ici que partout ailleurs par les restaurations. Elles sont du XIXe siècle, et, depuis cinquante ans qu'elles sont faites, elles se patinent, mais ne trompent pas. Ces inepties d'un demi-siècle voudraient prendre rang parmi les chefs-d'œuvre!

Toutes les restaurations sont des copies; c'est pourquoi elles sont d'avance condamnées. Car il ne faut copier, – laissez-moi le répéter! – avec la passion de la fidélité, que la nature : la copie des œuvres d'art est interdite par le principe même de l'art.

Et les restaurations – sur ce point aussi je veux insister encore – sont toujours molles et dures en même temps; vous les reconnaîtrez à ce signe. C'est que la science ne suffit pas à produire la beauté; il faut la conscience.

En outre, les restaurations entraînent la confusion, parce qu'elles introduisent l'anarchie dans les effets. Les vrais effets se dérobent au procédé; pour les obtenir, il faut beaucoup d'expérience, un grand recul, la science des siècles...

Voyez, par exemple, au fronton de Reims, le pignon de droite. Il n'a pas été retouché. De cet amas puissant sortent des fragments de torse, des draperies, des chefs-d'œuvre massifs. Un simple, sans même bien comprendre, peut, s'il est sensible, connaître ici le frisson de l'enthousiasme. Ces morceaux, cassés par places comme ceux du British Museum, sont comme eux admirables en tout. – Mais regardez l'autre pignon, qu'on a restauré, refait : il est déshonoré. Les plans n'existent plus. C'est lourd, fait de face, sans profils, sans équilibre de volumes. Pour l'église, penchée en avant, c'est un poids énorme sans contrepoids. – Ô ce Christ en croix, restauration du XIXe! – L'iconoclaste qui a cru briser le pignon de droite ne lui a pas fait grand mal. Mais l'ignorant qui restaure!... – Voyez encore ces crochets rampants qui ne savent plus ramper : lourde restauration. C'est l'équilibre changé.

Réparer ces figures et ces ornements brutalisés par les siècles, comme si c'était possible! Une telle idée ne pouvait naître que dans des esprits étrangers à la nature et à l'art, et à toute vérité.

Que ne choisissez-vous de deux maux le moindre? Il était moins dispendieux de laisser ces sculptures comme elles étaient. Tous les bons sculpteurs vous diront qu'ils trouvent en elles de très beaux modèles. Car il n'est pas nécessaire de s'arrêter à la lettre : c'est l'esprit qui importe, et il se voit clairement dans ces figures cassées. […]

Oh! Je vous en supplie, au nom de nos ancêtres et dans l'intérêt de nos enfants, ne cassez et ne restaurez plus! Passants, qui êtes indifférents, mais qui comprenez et vous passionnerez peut-être un jour, ne vous privez pas d'avance, à jamais, de l'occasion de joie, de l'élément de développement qui vous attendait dans ce chef-d'œuvre; n'en privez pas vos enfants! Songez que des générations d'artistes, des siècles d'amour et de pensée aboutissent là, s'expriment là, que ces pierres signifient toute l'âme de notre nation, que vous ne saurez rien de cette âme si vous détruisez ces pierres, qu'elle sera morte, tuée par vous, et que vous aurez du même coup dilapidé la fortune de la patrie, – car les voilà, les vraies pierres précieuses!

Rodin, *Les Cathédrales de France*, 1914

A la recherche d'un état antérieur idéal, l'architecte Abadie remplace à la fin du XIXe siècle la toiture à deux pentes de la cathédrale Saint-Front de Périgueux par un ensemble de coupoles d'inspiration néo-byzantine (ci-contre, en cours de chantier).

TÉMOIGNAGES ET DOCUMENTS 123

La Charte de Venise

Adoptée lors du deuxième Congrès international des architectes et des techniciens des monuments historiques, réuni à Venise du 25 au 31 mai 1964, cette charte prend acte des critiques faites à l'égard des idées antérieures d'unité de style et d'«édifice idéal». Elle souligne la priorité que constitue la permanence de l'entretien des monuments et affirme que la restauration est une opération qui doit garder un caractère exceptionnel. Elle insiste en outre sur le respect nécessaire de l'apport de chaque époque. Plus récemment ont été adoptées la Charte de Florence concernant la restauration des parcs et jardins historiques, et la Convention de Malte qui traite du patrimoine archéologique.

Définitions

Art. 1. La notion de monument historique comprend la création architecturale isolée aussi bien que le site urbain ou rural qui porte témoignage d'une civilisation particulière, d'une évolution significative ou d'un événement historique. Elle s'étend non seulement aux grandes créations mais aussi aux œuvres modestes qui ont acquis avec le temps une signification culturelle.

Art. 2. La conservation et la restauration des monuments constituent une discipline qui fait appel à toutes les sciences et à toutes les techniques qui peuvent contribuer à l'étude et à la sauvegarde du patrimoine monumental.

Art. 3. La conservation et la restauration des monuments visent à sauvegarder tout autant l'œuvre d'art que le témoin d'histoire.

Conservation

Art. 4. La conservation des monuments impose d'abord la permanence de leur entretien.

Art. 5. La conservation des monuments est toujours favorisée par l'affectation de ceux-ci à une fonction utile à la société; une telle affectation est donc souhaitable mais elle ne peut altérer l'ordonnance ou le décor des édifices. C'est dans ces limites qu'il faut concevoir et que l'on peut autoriser les aménagements exigés par l'évolution des usages et des coutumes.

Art. 6. La conservation d'un monument implique celle d'un cadre à son échelle. Lorsque le cadre traditionnel subsiste, celui-ci sera conservé, et toute construction nouvelle, toute destruction et tout aménagement qui pourrait altérer les rapports de volumes et de couleurs sera proscrit.

Art. 7. Le monument est inséparable de l'histoire dont il est le témoin et du milieu où il se situe. En conséquence le déplacement de tout ou partie d'un monument ne peut être toléré que lorsque la sauvegarde du monument l'exige ou que des raisons d'un grand intérêt national ou international le justifient.

Art. 8. Les éléments de sculpture, de peinture ou de décoration qui font partie intégrante du monument ne peuvent en être séparés que lorsque cette mesure est la seule susceptible d'assurer leur conservation.

Restauration

Art. 9. La restauration est une opération qui doit garder un caractère exceptionnel. Elle a pour but de conserver et de révéler les valeurs esthétiques et historiques du monument et se fonde sur le respect de la substance ancienne et de documents authentiques. Elle s'arrête là où commence l'hypothèse : sur le plan des reconstitutions conjecturales, tout travail de complément reconnu indispensable pour raisons esthétiques ou techniques relève de la composition architecturale et portera la marque de notre temps. La restauration sera toujours précédée d'une étude archéologique et historique du monument.

Art. 10. Lorsque les techniques traditionnelles se révèlent inadéquates, la consolidation d'un monument peut être assurée en faisant appel à toutes les techniques modernes de conservation et de construction dont l'efficacité aura été démontrée par des données scientifiques et garantie par l'expérience.

Art. 11. Les apports valables de toutes les époques à l'édification d'un monument doivent être respectés, l'unité de style n'étant pas un but à atteindre au cours d'une restauration. Lorsqu'un édifice comporte plusieurs états superposés, le dégagement d'un état sous-jacent ne se justifie qu'exceptionnellement et à condition que les éléments enlevés ne présentent que peu d'intérêt, que la composition mise au jour constitue un témoignage de haute valeur historique, archéologique ou esthétique, et que son état de conservation soit jugé suffisant. Le jugement sur la valeur des éléments en question et la décision sur les éliminations à opérer ne peuvent dépendre du seul auteur du projet.

Art. 12. Les éléments destinés à remplacer les parties manquantes doivent s'intégrer harmonieusement à l'ensemble, tout en se distinguant des parties originales, afin que la restauration ne falsifie pas le document d'art et d'histoire.

Art. 13. Les adjonctions ne peuvent être tolérées que pour autant qu'elles respectent toutes les parties intéressantes de l'édifice, son cadre traditionnel, l'équilibre de sa composition et ses relations avec le milieu environnant.

Sites monumentaux

Art. 14. Les sites monumentaux doivent faire l'objet de soins spéciaux afin de sauvegarder leur intégrité et d'assurer leur assainissement, leur aménagement et leur mise en valeur. Les travaux de conservation et de restauration qui y sont exécutés doivent s'inspirer des articles énoncés aux articles précédents.

Fouilles

Art. 15. Les travaux de fouilles doivent s'exécuter conformément à des normes scientifiques et à la «Recommandation définissant les principes internationaux à appliquer en matière de fouilles archéologiques» adoptée par l'Unesco en 1956. […].

La logique du maintien ou du retour «in situ»

Quatremère de Quincy s'oppose avec force en 1796 à la politique de réquisition d'œuvres d'art engagée par les armées françaises en Italie. Ses réflexions contribuent à souligner le lien qui unit chaque œuvre à l'architecture qui l'abrite, et chaque édifice au site qui l'environne. Les vives critiques qu'il formule à l'égard du rassemblement opéré par Alexandre Lenoir aux Petits Augustins à Paris à partir des transferts révolutionnaires aboutissent à la dispersion en 1816 et au retour d'un certain nombre d'éléments sur leur lieu d'origine. Le cas de l'arc de Gaillon remonté par Lenoir dans la cour de son musée et récemment replacé à Gaillon s'inscrit dans cette logique.

Plaidoyer contre le déplacement des œuvres d'art

L'influence des monuments sur l'esprit, sur la mémoire, sur l'entendement, procède souvent moins de leur perfection même, que de leur ancienneté, que de l'authenticité de leur emploi, que de leur publicité. Ces livres originaux, toujours ouverts à la curiosité publique, portent leur instruction au-dehors, et la communiquent sans réserve au sentiment qui les consulte sans effort.

C'est donc détruire ce genre d'instruction, que d'en soustraire les éléments au public, que d'en décomposer les parties, comme on n'a cessé de le faire depuis vingt-cinq ans, que d'en recueillir les débris dans ces dépôts appelés *Conservatoires*.

Par quel étrange contre-sens appellerait-on de ce nom ces réceptacles de ruines factices qu'on ne semble vouloir dérober à l'action du temps, que pour les livrer à l'oubli? Cessez, sophistes ignorants, de trouver du plaisir dans ces ruines; oui, celles du temps sont respectables, celles de la barbarie font horreur. Les ruines du temps, ces monuments de la fragilité humaine, sont la leçon de l'homme, les autres en sont la honte. Cessez surtout de nous vanter l'ordre et l'arrangement qui règnent dans ces ateliers de démolition. A quelle triste destinée condamnez-vous les Arts, si leurs produits ne doivent plus se lier à aucun des besoins de la société, si des systèmes prétendus philosophiques leur ferment toutes les carrières de l'imagination, les privent de tous ces emplois que leur préparaient les croyances religieuses, les douces affections sociales, les consolants prestiges de la vanité humaine!

Ne nous dites plus que les ouvrages de l'Art se conservent dans ces dépôts. Oui, vous y en avez transporté la matière ; mais avez-vous pu transporter avec eux ce cortège de sensations tendres, profondes, mélancoliques, sublimes ou touchantes, qui les environnait. Avez-vous pu transférer dans vos magasins cet ensemble d'idées et de rapports qui répandait un si vif intérêt sur les œuvres du ciseau ou du pinceau? Tous ces objets ont perdu leur effet en perdant leur motif.

Le mérite du plus grand nombre tenait aux croyances qui leur avaient donné l'être, aux idées avec lesquelles ils étaient en rapport, aux accessoires qui les expliquaient, à la liaison des pensées, qui leur donnait de l'ensemble. Maintenant, qui fera connaître à notre esprit ce que signifient ces statues, dont les attitudes n'ont plus d'objet, dont les expressions ne sont que des grimaces, dont les accessoires sont devenus des énigmes? Quel effet produit actuellement sur notre âme le marbre désenchanté de cette femme feignant de pleurer sur l'urne vide, qui n'est plus l'entretien de sa douleur? Que me disent toutes ces effigies qui n'ont plus conservé que leur matière? Que me disent ces mausolées sans sépulture, ces cénotaphes doublement vides, ces tombeaux que la mort n'anime plus?

Déplacer tous les monuments, en recueillir ainsi tous les fragments décomposés, en classer méthodiquement les débris, et faire d'une telle réunion un cours pratique de chronologie moderne ; c'est pour une nation existante, se constituer en état de nation morte ; c'est de son vivant assister à ses funérailles ; c'est tuer l'Art pour en faire l'histoire ; ce n'est point en faire l'histoire, mais l'épitaphe.

Quatremère de Quincy,
Considérations morales sur la destination des ouvrages de l'art, Paris, 1815

Larmes sur un arc défunt

Le cas du retour in situ *de l'arc de Gaillon souligne la complexité de tels choix, lorsqu'une présentation qui devait être provisoire a en fait duré plus de cent cinquante ans, et lorsqu'elle a donné lieu au XIXe siècle à une composition architecturale elle-même historiquement remarquable.*

Si l'on considère que Duban, avec Hittorff et Labrouste, est un des trois grands architectes de la période, si l'on veut bien comprendre que l'Ecole des Beaux-Arts est le chef-d'œuvre de cette architecture néo-florentine, d'un éclectisme analytique à la différence de celui, postérieur, de Charles Garnier, il faut alors admettre que le déplacement de l'arc portait atteinte à un autre (et d'égale importance) monument historique. De l'arc de Gaillon dans la composition de Lenoir? Si oui, où le placera-t-on dans un château où il n'a pas sa place? Si l'on ne reconstitue pas, ce qui est plus vraisemblable, les galeries disparues à partir des quelques éléments désormais disponibles, désossera-t-on l'arc de Lenoir, en extrayant les pierres d'origine qui formeraient en quelques sorte les éléments d'un musée ou d'une réserve lapidaire? De toute façon il y aura perte par rapport à la situation précédente : l'arc de Lenoir sera moins bien en place à Gaillon qu'à Paris. D'autre part, les fragments, sortis de leur contexte vieux de près de deux siècles, à peine moins anciens aujourd'hui que celui d'origine, ne pourront contribuer que selon leur être, soit comme des fragments désarticulés, à la résurrection de Gaillon.

Bruno Foucart, *Revue des Monuments historiques*, n°102, avril 1979

Mémoire et authenticité : des débats passionnés

Témoins de la place qu'occupe aujourd'hui le patrimoine dans la conscience collective, les polémiques concernant les menaces de disparition, de transformation ou de falsification pesant sur l'avenir de monuments historiques sont fréquentes : tel fut le cas récemment de « l'affaire de Saint-Sernin de Toulouse » opposant en 1989 partisans de la reconstruction de l'état imaginé par Viollet-le-Duc et partisans du retour à l'état antérieur à Viollet-le-Duc. Les seconds ont finalement obtenu gain de cause.

Moyen Age de synthèse et cohérence

Ce qui surprend d'abord, dans un débat aussi passionné que celui de ces derniers mois, c'est son caractère anachronique : les questions qui auraient pu être posées avec profit il y a vingt ans viennent un peu tard. Ce qui retient ensuite, c'est la curieuse évolution d'une partie de l'opinion toulousaine, prête à rejeter tous les signes de son identité culturelle – la large toiture débordante couverte de tuiles canal qui apparente la nef de Saint-Sernin aux grandes églises d'Italie ou d'Espagne, les admirables mirandes qui rappellent l'existence du bourg fortifié de Saint-Sernin, véritable ville dans la ville – et cela au profit d'une construction dont le caractère «nordique» a été fortement affirmé, dans l'élévation et dans le décor, par Viollet-le-Duc.

Faut-il rappeler qu'à l'époque où le centralisme parisien triomphait des «provincialismes», cette irruption d'un Moyen-Age septentrional dans les pays d'Oc avait été mal ressentie ? Couverts d'ardoise, les toits coniques et les poivrières aiguës de la cité de Carcassonne semblaient ériger, au seuil du vieux pays cathare, un monument à l'envahisseur, Simon de Montfort.

Pareillement, le Moyen-Âge de synthèse de Saint-Sernin imposait, comme une leçon politique et doctrinale, son scientisme péremptoire à l'hérésie d'un gothique languedocien qui, selon les puristes d'alors, n'aurait jamais dû exister. Ce n'est pas un des moindres paradoxes de cette affaire que le parisianisme de Viollet-le-Duc ait trouvé, en 1989, de tardifs défenseurs parmi les lecteurs, ou du moins parmi les journalistes de *La Dépêche du Midi*.

Souhaiter aujourd'hui, fût-ce au prix d'un revirement, l'adoption du programme proposé par l'architecte en chef Yves Boiret et recommandé par la Commission supérieure des monuments historiques, ne me paraît pas inconséquent. Actuellement, tout changement de parti affaiblirait durablement la crédibilité de Saint-Sernin de Toulouse aux yeux d'une opinion internationale plus attentive que naguère à la cohérence. L'Unesco a rejeté, en 1985, une proposition d'inscription sur la liste du patrimoine mondial de la cité de Carcassonne, où de récentes interventions du service des monuments historiques, substituant la tuile à l'ardoise sur la pente inchangée des toits, ont créé un absurde manteau d'arlequin qui ne peut satisfaire ni les partisans de la dérestauration ni les fidèles de Viollet-le-Duc.

Ceux-ci l'avouent tout bas : en 1990, Saint-Sernin peut difficilement passer pour un des monuments clés du XIXe siècle. La restitution globale, héroïque et colossale du passé qui fait du surprenant monastère de Rila un monument de la «Renaissance bulgare» et ravale au rang d'accessoires les maigres vestiges médiévaux conservés dans son enceinte, l'adaptation à une fonction nouvelle qui transfigure, à Pierrefonds, la ruine romantique du château de Louis d'Orléans en palais de Napoléon III n'ont pas eu à Toulouse d'équivalents réels. L'état Viollet-le-Duc, mieux articulé à la carrière de l'architecte qu'à l'histoire de son temps, pourrait en définitive n'avoir été qu'une parenthèse, instructive mais non indispensable, dans la vie de l'édifice.

Léon Pressouyre, «"Restaurateurs" et "dérestaurateurs"», *Le Figaro*, 28.02.1990

Pour une écologie du patrimoine

Le projet de création en 1991 d'une sorte de «Chambordland» aux abords immédiats du château et aux dépens d'une partie de la forêt domaniale suscite de vives réactions. Laissera-t-on des entreprises d'«ingénierie culturelle» se saisir de monuments insignes pour y mettre en scène une falsification et une réduction de l'histoire au profit du spectaculaire? Le récent abandon du projet ne doit pas masquer l'existence du danger.

Il faut agir, pour que soit pris en compte ce qui fait la «poétique» d'un monument : l'environnement pour lequel il a été conçu et qui lui confère une existence à la puissance maximale. Cette notion, à dégager cas pas cas, dépasse l'actuelle considération des «abords» et des 500 mètres réglementaires. Chambord est inséparable non seulement de sa forêt domaniale, mais aussi de la simple campagne qui l'entoure, des petites routes et des petits villages par lesquels on y parvient. Tout comme l'Arc de triomphe, par exemple, était inséparable de la vue depuis le Carrousel, d'où son arche semblait ouvrir sur l'infini du ciel alentour. Les tours de la Défense, au fond à droite, ont réduit le poème à néant.

Il faut donc refuser l'enfermement des sites et des monuments dans des «parcs» clos, où l'on paye à l'entrée («parc romantique» à Nohant, etc). D'abord parce que le mot même de parc est aujourd'hui dégradé par le commerce : parcs de loisirs, parcs d'entreprises… Ensuite parce que le patrimoine ainsi parqué deviendra un objet séparé du monde, comme une bête bizarre dans un parc zoologique, comme un Indien dans une réserve. Il deviendra peu à peu exotique pour les naturels du pays eux-mêmes et pas seulement pour les touristes américains ou japonais. Alors qu'au contraire, il doit être perçu comme faisant toujours partie intégrante du tissu vivant du pays, accessible sans hiatus, de plain-pied avec la vie quotidienne. On doit pouvoir aller se promener comme on veut et quand on veut, à l'aube ou au crépuscule, à Chambord, au Pont du Gard, ou dans le village de Nohant. Le patrimoine n'est pas «moderne», il est mieux que cela : il nous est contemporain. Nous vivons avec Chambord, avec Racine, et cela ne nous empêche pas d'apprécier les ordinateurs. Il faut enfin dénoncer les «ingénieurs» qui ne sont que des entrepreneurs de falsification et de réduction de l'histoire au profit du spectaculaire, des professionnels du show-biz recyclés dans le «culturel». Historiens, mais aussi enseignants, nous ne pouvons accepter des déclarations comme celle-ci : «La communication d'un patrimoine culturel doit être partisane. Il ne faut pas hésiter à faire des choix. Les anciens responsables du patrimoine veulent toujours tout dire. Je pense qu'il faut choisir une ligne, ne dire qu'une chose, ne tenir qu'un discours, s'accorder sur un code visuel, et inviter les visiteurs à un voyage hors du quotidien.» Le cliché se vend bien, le bon peuple a horreur de l'imprévu, alors vendons des clichés! Cela donne à Chambord un «musée» où la Renaissance devrait être «présentée dans ses aspects les plus innovants» et «de préférence spectaculaires» et «Un hôtel trois étoiles au cœur de l'an 1000» à Fontevraud – qui date du XIIe siècle. Il faut en particulier faire barrage à la vague montante des «reconstitutions - comme si vous y étiez», à coups d'objets «fac similés» en plastique, mannequins en fibre de verre ou en latex, articulés ou non, «ambiances» lumineuses, sonores et même olfactives (odeurs de hareng au Viking Center d'York, odeur de la poudre, du bœuf aux carottes et du pain, à la citadelle de Bitche en Moselle, pour évoquer le siège de 1870…) – tout cela, en réalité, directement inspiré de Disneyland. Le patrimoine national ne doit pas se transformer, avec la bénédiction des pouvoirs publics, en vecteur de régression mentale et d'infantilisation.

Les historiens de l'art qui ont, comme beaucoup d'autres personnes en dehors de la profession, Français ou étrangers, une certaine idée du patrimoine vont sans doute ressentir bientôt la nécessité de «s'engager» (pour réemployer un mot de jadis). A en juger par le nombre de ceux qui se battent pour la défense de Chambord, cet engagement a déjà commencé.

Anne-Marie Lecoq,
Revue de l'Art, n° 94, 1991

Le cœur de la Bretagne

En 1994, c'est l'incendie dans la nuit du 4 au 5 février du Parlement de Rennes qui mobilise subitement la conscience nationale. Quelques années après la disparition des stalles de Saint-Claude dans le Jura et la mise en place de copies pour remplacer les éléments originaux détruits, ce sinistre amène à s'interroger sur l'ampleur des restitutions de décors à envisager.

Dans la nuit du 4 au 5 février 1994, le Parlement de Rennes était ravagé par les flammes. Dans les heures qui ont suivi le drame, et depuis quatorze mois, une gigantesque opération de sauvetage était engagée. Avant la fin du siècle, la Bretagne s'ornera à nouveau de ce joyau.

Sous le plus grand «parapluie» de France (excepté celui qui recouvrait le Louvre), jalousement gardé par des palissades et des codes empêchant les curieux d'entrer, se dissimule le palais du Parlement de Bretagne. Depuis quatorze mois, depuis cette fameuse et sinistre nuit de février 1994 où le feu et l'eau ont ravagé le fleuron de l'architecture du XVIIe – «symbole de la Bretagne» –, plus aucun visiteur ne pénètre ici. Seuls les spécialistes ont accès à cette merveille en ruine.

L'heure n'est plus aux pleurs. […] Mais ce qui a été détruit l'est irrémédiablement : la charpente, dite «la Forêt», a brûlé complètement. Si le rez-de-chaussée a été épargné, le premier étage, l'«étage noble», affiche des pertes terribles : la salle des pas perdus, la bibliothèque, le bureau des conseillers et le cabinet du procureur général. Le deuxième étage et les combles ont pris de plein fouet le feu qui s'est déclaré au sud. Les tonnes d'eau déversées pour le combattre ont parachevé le sinistre.

«Tout sera reconstruit à l'identique», déclaraient le Premier ministre et le ministre de la Culture au lendemain de l'incendie. «Le Parlement retrouvera sa silhouette, même si la charpente ne s'appuiera plus, désormais, sur les murs de façade trop abîmés, mais sur ceux qui leur sont perpendiculaires», explique Alain-Charles Perrot. […]

Restaurer les plafonds n'est pas non plus une mince affaire. Ceux qui étaient décorés sont conservés sur place, puisqu'il n'est pas certain qu'on puisse les remonter, à cause de la fragilité des dorures et peintures, des formes contournées, des divers assemblages. Ces plafonds sont suspendus à des planchers en très mauvais état, qui ont joué un rôle protecteur grâce à leur revêtement en brique (la brique ayant absorbé le feu). A présent, ces planchers doivent être remplacés. Et il faut éviter que ces lourds travaux ne causent des chocs aux écailles peintes ou dorées recollées amoureusement par les restaurateurs. Un travail de Titan… minutieux!

Brigitte Hernandez,
Le Point n° 1180,
29. 04.1995

Le Parlement de Rennes, juste après l'incendie qui l'a ravagé en 1994.

MEMENTO

LES EFFETS DE L'INSCRIPTION ET DU CLASSEMENT AU TITRE DES MONUMENTS HISTORIQUES

Rappel des textes législatifs :
- protection des édifices, objets mobiliers et vestiges archéologiques : principes généraux, loi du 31 décembre 1913 et décret du 18 mars 1924;
- protection des monuments naturels et des sites : loi du 2 mai 1930 et décret du 19 juin 1969;
- secteurs sauvegardés : loi du 4 août 1962;
- zones de protection du patrimoine architectural et urbain : loi du 7 janvier 1983 et décret du 24 avril 1984.

Effets de la protection :
La protection d'un immeuble ou d'un objet assure la pérennité de celui-ci et garantit sa conservation. Elle impose des contraintes :
- L'immeuble classé ne peut être détruit, déplacé ou modifié, même en partie, ni être l'objet d'un travail de restauration ou de réparation, sans l'accord préalable du ministère chargé de la Culture. Les travaux autorisés s'effectuent sous la surveillance de son administration. Aucune construction neuve ne peut être adossée à un immeuble classé sans une autorisation spéciale du ministère chargé de la Culture. Il ne peut être cédé sans que le ministère chargé de la Culture en soit informé, il ne peut s'acquérir par prescription et ne peut être exproprié sans que le ministère ait été consulté.
- Toute modification effectuée dans le champ de visibilité d'un bâtiment classé doit obtenir l'accord de l'architecte des bâtiments de France. Est considéré dans le champ de visibilité du monument tout autre immeuble distant de celui-ci de moins de 500 m et visible de celui-ci ou en même temps que lui.
- Contrairement à une opinion répandue, le classement d'un édifice n'entraîne nullement pour son propriétaire l'obligation d'ouverture à la visite. Seuls les avantages fiscaux diffèrent selon que le monument est accessible ou non au public. Dans les deux cas, les travaux d'entretien et de restauration peuvent bénéficier d'une participation financière de l'Etat.
- L'immeuble inscrit ne peut être détruit, même partiellement, sans l'accord du ministère chargé de la Culture. Il ne peut être modifié, même en partie, ni être l'objet d'un travail de restauration ou de réparation, sans que le ministère chargé de la Culture en soit informé quatre mois auparavant. Le ministère ne peut s'opposer à ces travaux en engageant une procédure de classement.
- Toute modification effectuée dans le champs de visibilité d'un bâtiment inscrit doit, comme pour les édifices classés, obtenir l'accord de l'architecte des bâtiments de France.
- Les travaux exécutés sur un immeuble inscrit peuvent bénéficier d'une participation financière de l'Etat. Le taux d'aide est cependant inférieur à celui pratiqué pour les bâtiments classés.
- L'objet classé ne peut être détruit. Il ne peut être modifié, réparé ou restauré sans l'accord préalable du ministère chargé de la Culture.
- Les travaux autorisés s'effectuent sous la surveillance de son administration. La vente, cession ou transfert des objets appartenant à un propriétaire privé doivent faire l'objet d'une information obligatoire du ministère chargé de la Culture sous peine de nullité absolue de la vente. Les objets classés ne peuvent en aucun cas être exportés (toutefois, les sorties temporaires pour expositions, analyses… peuvent être autorisées).
- L'objet inscrit ne peut être transféré, cédé, réparé ou restauré sans que le ministère de la Culture en ait été informé deux mois à l'avance.
- L'orgue protégé ne peut être détruit, déplacé ou modifié, même en partie, ni être l'objet d'un travail de restauration ou de réparation sans l'accord préalable du ministère chargé de la Culture. Il ne peut être cédé sans que le ministère en soit informé. L'orgue classé ne peut s'acquérir par prescription.

PRINCIPAUX INTERVENANTS CHARGÉS DE METTRE EN ŒUVRE AU SEIN DE LA DIRECTION DU PATRIMOINE (MINISTÈRE DE LA CULTURE) LES PROCÉDURES DE PROTECTION ET DE TRAVAUX

L'architecte des bâtiments de France
Recruté par un concours d'Etat, l'architecte des bâtiments de France est un fonctionnaire d'Etat qui travaille au sein des services départementaux d'architecture. La fonction est départementale et il existe au moins un architecte des bâtiments de France par département, installé au chef-lieu de département. Sa mission est double :
- faire appliquer les législations sur l'architecture, l'urbanisme, les sites, les

monuments historiques et leurs abords – les projets de construction en abords de monuments historiques doivent notamment recueillir son avis conforme ;
- diriger les travaux d'entretien sur les édifices classés monuments historiques lorsque la maîtrise d'ouvrage est assurée par le ministère chargé de la Culture ou que les propriétaires affectataires reçoivent une aide financière de l'Etat ; contrôler les travaux sur les édifices inscrits à l'inventaire supplémentaire des monuments historiques. Il est en outre conservateur des monuments historiques appartenant à l'Etat dans son département et affectés au ministère chargé de la Culture, sous réserve de quelques exceptions.

L'architecte en chef des monuments historiques
Recruté par un concours d'Etat, il est nommé par le ministère chargé de la Culture dans une circonscription. Il formule toutes propositions et avis pour la protection, la bonne conservation, la mise en valeur et la réutilisation des immeubles protégés.
- Il assiste la conservation régionale des monuments historiques pour la programmation annuelle des travaux. Il définit les propositions d'études préalables aux travaux de restauration des monuments historiques classés en concertation avec le maître d'ouvrage et le propriétaire.
- Ses dossiers sont approuvés par l'administration après avis de l'inspection générale des monuments historiques. Il est chargé, en tant que maître d'œuvre, de diriger les travaux sur les immeubles classés lorsque la maîtrise d'ouvrage est assurée par les services relevant du ministère chargé de la Culture ou bien si les propriétaires reçoivent une aide financière pour la réalisation des travaux. Il peut intervenir sur tout édifice à la demande de son propriétaire.

Le conservateur des antiquités et objets d'art
Il a une fonction départementale. Nommé par arrêté ministériel, il est chargé de la constitution des dossiers de protection pour les objets mobiliers. Il sert de relais au plan départemental au conservateur du patrimoine chargé de l'inspection des monuments historiques (proposition de travaux de restauration, suivi de certains travaux…). Il conseille le préfet du département pour ce qui a trait à la protection, la restauration et la mise en valeur des objets mobiliers.

Le conservateur régional des monuments historiques
Placé sous l'autorité du directeur régional des Affaires culturelles, il dirige la conservation régionale des monuments historiques. Il veille à l'application de la réglementation relative à la protection du patrimoine. Il réalise, avec les documentalistes-recenseurs, le repérage et l'étude du patrimoine à protéger et élabore les dossiers à soumettre à la Corephae.
- Il coordonne le suivi de l'état de conservation des monuments. Il élabore sur le plan technique et financier les projets de programmes de restauration des monuments protégés. Enfin, il assume avec les réviseurs et les vérificateurs la conduite et le contrôle des travaux de restauration sur les monuments historiques classés dont l'exécution est assurée par le ministère chargé de la Culture.

Le conservateur du patrimoine chargé de l'inspection des monuments historiques
Les conservateurs du patrimoine chargés de l'inspection des monuments historiques assurent, sous le contrôle d'un conservateur général, la maîtrise d'œuvre des travaux de restauration sur les objets mobiliers classés en coordination avec les travaux sur les édifices (vitraux, buffets, orgues, autels, tableaux...).
- Rapporteurs à la commission supérieure des monuments historiques, ils sont chargés de donner des avis sur la restauration des monuments historiques (sur les études et projets architecturaux et techniques).
- Ils sont aussi sollicités pour donner leur point de vue sur les dossiers de protection des monuments historiques.

Le conservateur régional de l'Inventaire
- Placé au sein de la direction régionale des Affaires culturelles, il dirige le service régional de l'Inventaire. Il conduit l'inventaire topographique et thématique de sa région, appelé à donner pour l'ensemble du territoire une information systématique sur le patrimoine architectural et privé et sur les objets mobiliers du domaine public. Il veille aussi à la diffusion des résultats de ces enquêtes : il est responsable du Centre régional de documentation du patrimoine chargé de restituer au public l'importante documentation ainsi constituée ; il mène en concertation avec les services centraux de l'Inventaire une politique d'expositions et de publications.

Le conservateur régional de l'Archéologie
Placé au sein de la direction régionale des Affaires culturelles, il dirige le service régional de l'Archéologie : il contrôle les fouilles autorisées, dirige les fouilles exécutées par l'Etat, enregistre les découvertes fortuites et signale aux autorités compétentes les fouilles clandestines.
- Il concourt à la conservation des collections archéologiques et propose au directeur régional des Affaires culturelles toute mesure de restauration et d'entretien des vestiges mis au jour.
- Il veille aussi à la diffusion des résultats de la recherche archéologique par le biais de publications et d'expositions et à la mise à jour du fichier informatisé des gisements et fouilles, ainsi que de la carte archéologique.

Le conseiller sectoriel à l'ethnologie
Sous l'autorité du directeur régional des Affaires culturelles, il a pour mission de contribuer à la mise en place d'une politique du patrimoine ethnologique.
- A cet effet, il suscite ou aide sur le plan scientifique et technique toute opération de recherche, de conservation, de valorisation et de formation qui concerne l'ethnologie de la France et le patrimoine ethnologique.

Le conservateur général du patrimoine chargé de mission d'inspection générale
Il contrôle les projets de travaux sur les monuments historiques et s'assure de leur bonne exécution. Il donne des avis au point de vue de l'histoire et de l'art sur les dossiers de travaux concernant les édifices protégés. Il propose des mesures de protection au titre des monuments historiques.

L'architecte en chef des monuments historiques chargé de mission d'inspection des monuments historiques
Il contrôle les projets des architectes en chef des monuments historiques et les conseille sur les options de restauration. Il surveille en permanence le bon déroulement des opérations de restauration et est rapporteur devant la section de la Commission supérieure des monuments historiques chargée des travaux.
- Il peut également se voir confier par le ministre des missions particulières d'étude et de conseil.

LES COMMISSIONS

Ce sont des organes consultatifs de réflexion et de débat dans l'enceinte desquels s'élabore et se renouvelle constamment la «pensée patrimoniale».

La Commission supérieure des monuments historiques
Créée en 1837, cette commission instituée auprès du ministère chargé de la Culture a pour tâche d'émettre un avis sur les propositions de classement au titre des monuments historiques des objets et immeubles et sur les propositions d'inscription sur l'inventaire supplémentaire des instruments de musique et orgues historiques. Selon cet avis, le ministère chargé de la Culture prend un arrêté de classement de l'objet et de tout, ou partie, de l'immeuble. Elle émet un avis sur les programmes et projets de travaux de conservation et de mise en valeur des monuments historiques.

Commission régionale du patrimoine archéologique, ethnologique et historique (dite Corephae) instituée depuis 1984 dans chaque région afin de déconcentrer la compétence en premier ressort de la Commission supérieure des monuments historiques en matière de protection d'immeubles.

Commission départementale des objets mobiliers
Pour les objets mobiliers et immeubles par destination, la compétence de la Commission supérieure a été déconcentrée depuis 1970 au niveau non pas de la région, mais du département et confiée à la Commission départementale des objets mobiliers.

Le Conseil supérieur de la recherche archéologique (C.S.R.A.)
Institué par décret le 17 janvier 1985, le Conseil est chargé d'examiner et de proposer les mesures relatives à l'exploitation scientifique et à la diffusion des connaissances ainsi qu'à la protection, la conservation et la mise en valeur du patrimoine archéologique.
- Depuis le 27 mai 1994, existent des conseils interrégionaux de la recherche archéologique destinés à permettre de déconcentrer à un niveau interrégional certaines des missions du Conseil supérieur.

La Commission nationale de l'Inventaire général et des richesses artistiques de la France
Instituée par décret le 3 avril 1985, cette commission est chargée d'émettre des avis et de formuler des propositions sur l'organisation des

travaux de recensement et d'étude concernant les biens culturels matériels (méthodologie, recherche, diffusion des résultats, documentation).
- Elle évalue les programmes et les résultats des équipes de recherche.

Le Conseil du patrimoine ethnologique
Le Conseil du patrimoine ethnologique (institué par décret le 15 avril 1980) propose au ministre chargé de la Culture, pour toutes les questions relatives au patrimoine ethnologique, et notamment à sa connaissance, sa préservation et sa mise en valeur, les éléments d'une politique de la recherche ethnologique, des programmes d'intervention annuels et pluriannuels et les mesures visant à instaurer une coopération permanente entre les ministères et les instances scientifiques concernées.

FORMATION, DOCUMENTATION ET RECHERCHE

L'Ecole nationale du Patrimoine
117 boulevard Saint-Germain - 75006 Paris
- Tél. : (1) 44.41.16.41. - Fax : (1) 44.41.16.76.
Créée en 1990, c'est une école d'application placée sous la tutelle du ministère chargé de la Culture qui s'adresse aux conservateurs du patrimoine recrutés dans cinq spécialités : archéologie, archives, inventaire général, monuments historiques, musées. Elle participe aussi à la formation professionnelle des conservateurs en cours de carrière.

L'Institut français de restauration d'œuvres d'art
150 avenue du Président Wilson - 93210 La Plaine Saint-Denis - Tél. : (1) 49.46.57.00.
- Fax : (1) 49.46.57.01.
Rattaché à l'Ecole nationale du Patrimoine, cet institut forme des restaurateurs de haut niveau spécialistes des arts du feu, arts graphiques, arts du métal, arts textiles, mobilier, peinture, photographie, sculpture.

Le Centre d'études supérieures d'histoire et de conservation des monuments anciens
Palais de Chaillot - Place du Trocadéro - 75116 PARIS - Tél. : (1) 47.04.39.88.
- Fax : (1) 47.55.17.16.
Ce centre appelé aussi «Ecole de Chaillot» délivre à des architectes déjà diplômés un enseignement spécialisé consacré à l'ensemble des problèmes posés par l'histoire, l'entretien, la restauration et l'utilisation des monuments anciens. L'histoire du centre remonte à 1887 avec la création de la chaire d'architecture française confiée à un disciple de Viollet-le-Duc, Anatole de Baudot et installée au palais du Trocadéro, à côté du Musée national des monuments français. En 1920, cette chaire fut transformée en centre d'études supérieures.

La médiathèque du Patrimoine
Elle regroupe :
- le Centre de recherche sur les monuments historiques
Palais de Chaillot - Place du Trocadéro
- 75116 PARIS - Tél. : (1) 47.27.84.64.
- Fax : (1) 47.04.55.83.
Ce centre a été créé en 1942 pour fournir aux architectes des monuments historiques des renseignements archéologiques et techniques sur les constructions anciennes (matériaux, structure et décoration) et pour compléter l'enseignement donné aux jeunes architectes. La documentation réunie se compose de dossiers d'architecture, d'échantillons de matériaux, de maquettes d'édifices et de charpentes, de relevés stéréophotogrammétriques, de copies de peintures murales et de collections de dessins muraux ;
- La bibliothèque et les archives du Patrimoine
12 rue du Parc Royal - 75003 Paris
- Tél. : (1) 40.15.73.00. - Fax : (1) 40.15.76.76.
Sous cette appellation sont regroupées une bibliothèque spécialisée en architecture et archéologie, les archives du Service des monuments historiques, une collection de plans et documents graphiques et une photothèque.
- Les archives photographiques
Fort de Saint-Cyr - 78182 Saint-Quentin-en-Yvelines Cedex - Tél. : (1) 30.85.68.81.
- Fax : (1) 30.85.68.69.
Constituées à partir des années 1850, ces archives comprennent plus de 1 500 000 négatifs originaux noir et blanc sur plaques de verre et souples. De grands noms de l'histoire de la photographie sont représentés : Baldus, Le Secq, Marville, Nadar, Atget...

Le Laboratoire de recherche des monuments historiques
29 rue de Paris - 77420 Champs sur Marne
- Tél. : (1) 60.05.01.45. Fax : (1) 64.68.46.87.
La mission du laboratoire est de mener à bien des recherches appliquées et des études de cas, visant à la conservation *in situ* du patrimoine monumental et mobilier. Ces recherches portent notamment sur la pierre, le vitrail, les grottes

ornées, les peintures murales et la polychromie, le métal, le textile, ainsi que sur les altérations microbiologiques des œuvres. Les études de service sont faites sur la demande des inspecteurs, architectes et conservateurs des monuments historiques, ou en liaison avec eux.
- Le laboratoire dispose d'un équipement scientifique de haute précision qui lui permet d'améliorer la connaissance des matériaux du patrimoine, d'analyser les mécanismes de dégradation et de prescrire les meilleures solutions pou y remédier.
- Il s'attache de plus en plus aux études sur l'environnement des monuments et les phénomènes de pollution, et peut mener des mesures en continu sur les cathédrales de Reims, de Rouen et de Saint-Denis, grâce au Cercle des partenaires du Patrimoine, qui regroupe les fonds et les compétences technologiques de neuf grandes entreprises privées.

INFORMATION - ACCUEIL ET ANIMATION

La Caisse nationale des monuments historiques et des sites
Hôtel de Sully - 62 rue Saint-Antoine
- 75004 Paris - Tél. : (1) 44.61.20.00.
- Fax : (1) 44.61.21.81.
Créée par la loi du 10 juillet 1914, elle a pour mission essentielle de faire connaître et de mettre en valeur le patrimoine architectural de l'Etat : elle est ainsi particulièrement chargée de l'accueil et de l'information du public dans une centaine de monuments historiques appartenant à l'Etat tels que le Mont-Saint-Michel, les châteaux de Chambord et du Haut-Kœnigsbourg, l'Arc de Triomphe ou la Sainte-Chapelle, ou les sites de Carnac et de Glanum.

De nombreuses initiatives d'organisation de visites, de routes historiques et de manifestations exceptionnelles (concerts, expositions, spectacles) sont dues aux propriétaires privés, et aux associations qu'ils ont créées (notamment la Demeure historique et les Vieilles Maisons françaises) qui les aident à coordonner leurs efforts pour sauvegarder et faire connaître les édifices dont ils ont la charge :
La Demeure historique -
57 quai de la Tournelle - 75005 Paris
- Tél. : (1) 43.29.02.86. - Fax : (1) 43.29.36.44.

Les Vieilles Maisons françaises
93 rue de l'Université - 75007 Paris
- Tél. : (1) 40.62.61.71.

Le Conseil national des villes et pays d'art et d'histoire
Mis en place en 1995 il est chargé de proposer au ministre chargé de la Culture les mesures propres à assurer le développement des labels «Villes d'art et d'histoire» et «Pays d'art et d'histoire» et du réseau que ceux-ci constituent.

LES «MUSÉES DU PATRIMOINE»

Il existe de nombreux musées rattachés à la direction du Patrimoine. Parmi ceux-ci, citons :

Le Musée national des monuments français
Palais de Chaillot - 1 place du Trocadéro
- 75116 PARIS - Tél. : (1) 44.05.39.10.
- Fax : (1) 47.55.40.13.
Il remplace depuis 1937 le musée de sculpture comparée fondé en 1882 sur l'initiative de Viollet-le-Duc, dans le palais du Trocadéro construit pour l'Exposition universelle de 1879. La reconstitution de ce monument à l'occasion de l'Exposition de 1937 permit l'agrandissement des locaux du musée et le développement de nouvelles sections (notamment celle de la peinture murale) concernant l'art monumental en France.

Le Musée des plans et reliefs
Hôtel des Invalides - 6 boulevard des Invalides - 75007 Paris - Tél. : (1) 45.51.95.05.
- Fax : (1) 47.05.11.07.
Ouvert en 1987, le musée conserve les plans-reliefs entreposés depuis près de deux siècles à Paris dans les combles de l'hôtel des Invalides. Cette collection de maquettes, unique au monde, reproduit à l'échelle de 6/100 des villes fortifiées (Strasbourg, Briançon, Metz...) ou encore d'anciennes fortifications (ancien château Trompette de Bordeaux). Les maquettes sont composées d'une structure en bois et habillées de soie pulvérisée et de papier peint.

LES MONUMENTS HISTORIQUES OUVERTS À LA VISITE

Un guide intitulé «Ouvert au public» est édité depuis 1987 par la Caisse nationale des monuments historiques et des sites et présente l'ensemble des châteaux, manoirs, abbayes, prieurés, jardins et parcs historiques, hôtels particuliers et maisons rurales ouverts à la visite par leurs propriétaires, qu'ils soient publics ou privés.
Parmi les édifices qui demeurent généralement

TABLE DES ILLUSTRATIONS 137

fermés à la visite, certains ouvrent leurs portes exceptionnellement à l'occasion des «Journées du Patrimoine» organisées chaque année depuis 1984 le troisième week-end de septembre. Depuis 1991, ces journées associent de nombreux autres pays de la Communauté européenne et suscitent l'organisation de circuits de visite à thèmes parfois transfrontaliers (l'art roman pyrénéen, le baroque transalpin...).

Fréquentation des monuments historiques en 1995

Plus de 1 500 monuments sont en France ouverts à la visite ; parmi eux, la Tour Eiffel arrive en tête avec quelque 5,4 millions d'entrées, Les 90 monuments historiques appartenant à l'Etat, gérés par la caisse nationale des monuments historiques et des sites, ont accueilli 81 millions de visiteurs (dont 86 % d'entrées payantes).

Les monuments appartenant à l'Etat les plus visités :

Arc de Triomphe de l'Etoile	880 000
Abbaye du Mont-Saint-Michel	850 000
Château de Chambord	770 000
Sainte-Chapelle	641 000
Château du Haut-Kœnigsbourg	596 000
Château d'Azay-le-Rideau	354 000
Panthéon	295 949
Carcassonne (remparts de lices)	262 450
Conciergerie	184 725
Tours de Notre-Dame de Paris	183 876
Aigues-Mortes (remparts, Tour de Constance et logis du Gouverneur)	178 134
Abbaye de Fontevraud	178 033
Angers (Château du Roi René)	172 602
Château Chaumont sur Loire	137 349
Château de Pierrefonds	126 844
Saint-Denis (Nécropole royale)	119 446
Ancienne abbaye de Cluny	117 180
Abbaye de Thoronet	116 004
Glanum (fouilles de)	98 951
Fort de Salses	98 411
Château d'If	76 233
Ancienne abbaye de Jumièges	70 238
Château de Tarascon	66 665
Reims (palais du Tau)	64 433
Ancienne abbaye de Brou	62 155
Château de Castelnau-Bretenoux	58 855
Abbaye de Montmajour	58 497
Château de Vincennes	52 430
Sites préhistoriques des Eyziès de Tayac	50 791

Les monuments n'appartenant pas à l'Etat les plus visités en 1995

Château de Chenonceau	952.000
Palais des Papes (Avignon)	462.797
Château de Cheverny	350.000
Château de Blois	345.000
Château d'Amboise	336.406
Château de Thoiry	320.000
Château de Villandry	295.000
Citadelle des Baux de Provence	274.593
Château de Clos-Lucé	250.000
Château de Vaux-le-Vicomte	233.641
Palais Bénédictine (Fécamp)	150.000
Château de Castelnaud	146.000
Fort la Latte	140.000
Château d'Ussé	130.000
Abbaye de Fontenay	120.000
Château de Breteuil	120.000
Château de Milandes	120.000
Villa Ephrussi de Rothschild	104.317
Château de Josselin	96.000
Abbaye de Fontfroide	95.000
Château de Chinon	93.197
Château du Clos-de-Vougeot	80.000
Château et donjon de Loches	79.733
Château de Beynac	78.000
Château de Valençay	75.000
Château de la Ferté-Saint-Aubin	72.000
Château de Cormatin	70.000
Château de Cognac	68.000
Jardins et manoir d'Eyrignac	63.000
Château de La Bourbansais	62.000
Château de Hautefort	60.000
Château de Courson	55.500
Abbaye Saint-Pierre	55.000

La Fondation du Patrimoine

Il s'agit d'un organisme privé, indépendant, créé en 1996 pour sauvegarder le patrimoine non protégé, dit «de proximité», et les paysages menacés. Créée directement par ses membres fondateurs et adhérents, la Fondation a pour vocation de soutenir la restauration et la mise en valeur en permettant au public de redécouvrir cette mémoire collective.

BIBLIOGRAPHIE

- Babelon (Jean-Pierre), Chastel (André), «La notion de patrimoine», *Revue de l'Art*, n° 49, 1980.
- Bercé (Françoise), *Les Premiers Travaux de la Commission des monuments historiques*, Paris, Picard, 1979.
- Choay (Françoise), *L'Allégorie du patrimoine*, Paris, Seuil, 1992.
- Lavedan (Pierre), *Pour connaître les Monuments de France*, Bellegarde, Arthaud, 1971.
- Leniaud (Jean-Michel), *L'Utopie française : essai sur le patrimoine*, Paris, Mengès 1991.
- Léon (Paul), *La Vie des monuments français, destruction, restauration*, Paris, Picard, 1951.
- Mérimée (Prosper), *Notes de voyages*, présentées par P. M. Auzas, Paris, Adam Biro, 1989.
- Montclos (Claude de), *La Mémoire des ruines*, Paris, Mengès, 1992.
- Parent (Michel), *Promenade parmi les trésors de la France*, Paris, Editions de l'Epargne, 1989.
- Pérouse de Montclos (Jean-Marie), «Réflexions sur le patrimoine à sept ans de la fin du millénaire», dans *Regards sur le patrimoine*, Paris, Réunion des musées nationaux, 1992.
- Réau (Louis), *Histoire du vandalisme*, Ire édition 1958, Paris, édition Laffont augmentée, 1994.
- Riegl (Aloïs), *Le Culte moderne des monuments : son essence et sa genèse*, Paris, Le Seuil, 1984.
- Verdier (Paul), «Le Service des monuments historiques : son histoire, organisation, administration, législation, 1830-1934», dans *Congrès Archéologique*, Paris, Picard, 1934.
- Verrier (Jean), «La Conservation des œuvres d'art en France et le Service des monuments historiques», dans *Congrès Archéologique*, Paris, Picard, 1934.
- *Les Lieux de mémoire*, I - *La République*; II - *La Nation*, sous la direction de Pierre Nora, Paris, Gallimard 1986.
- *L'Apologie du périssable*, sous la direction de Robert Dulau, Rodez, éditions du Rouergue, 1991.

Pour en savoir plus :
- «Protection du patrimoine historique et esthétique de la France» (recueil de textes législatifs et réglementaires), *Journal officiel*, Documentation française, n° 1345.
- «Le bilan sanitaire du parc immobilier classé», ministère de la Culture, direction du Patrimoine, Mission technique et économique, 1995.
- Les actes des Entretiens du Patrimoine parus depuis 1988.
- Les actes des colloques de la section française de l'ICOMOS.
- Des revues : *Monumental*, *Monuments historiques*, *Le Débat* n°s 65-78-84.
- Des catalogues d'expositions : *Trésors des églises de France*, Paris, musée des Arts décoratifs, 1965. *Le Gothique retrouvé avant Viollet-le-Duc*, Paris, Hôtel de Sully, 1979. *Viollet-le-Duc*, Paris, Grand Palais, 1980. *Archéologie de la France : 30 ans de découvertes*, Paris, Grand Palais, 1989.

TABLE DES ILLUSTRATIONS

COUVERTURE

1er plat Le Panthéon (Cl. D. Boudinet).
4e plat h Reliquaire de la Vraie Croix. Trésor de Saint-Sernin de Toulouse.
4e plat b Théâtre de Bordeaux restauré (Cl. B. Fonquernie).
Dos Cathédrale de Chartres, vitrail de *Notre-Dame de la belle verrière*, XIIIe siècle.

OUVERTURE

1 Repose de l'Archange du Mont-Saint-Michel par des compagnons.
2/3 Henri Cosquer dans la grotte qu'il vient de découvrir.
4/5 Restauration d'une lanterne du château de Chambord.
6 Restauration et dorure du dôme des Invalides.
7 Remontage du portail de l'église Saint-Ayoul à Provins.
8/9 Restauration des orgues de Notre-Dame-de-Paris.
11 Jean Fouquet, *Pietà*, XVe siècle. Eglise de Nouans-les-Fontaines.

CHAPITRE I

12 P. J. Lafontaine, *Alexandre Lenoir s'opposant à la destruction du tombeau de Louis XII*, aquarelle. Musée Carnavalet, Paris.
13 Lesueur, *Vandaliste destructeur des productions des Arts*. Musée Carnavalet, Paris.
14h L. et C. Ronde, Couronne du sacre de Louis XV. Musée du Louvre, Paris.
14b Peintre flamand travaillant à Paris, XVe siècle, *Retable du Parlement de Paris*

TÉMOIGNAGES ET DOCUMENTS 139

(détail). Musée du Louvre, Paris.
15h A. Aveline, *Vue perspective du château de Clagny sur le jardin et l'étang*, gravure, XVIIe siècle. Musée de Versailles.
15b Sceptre de Charles V, XIVe siècle. Musée du Louvre, Paris.
16h R. de Gaignières, Notre-Dame-la-Grande à Poitiers, aquarelle, 1699. Bibliothèque Nationale, Paris.
16/17 Ransonnette, *Vue perspective de la fontaine des Innocents*, 1790. Bibliothèque Nationale, Paris.
17 *Coupe de Saint-Martial de Limoges*, par B. de Montfaucon. Bibliothèque Nationale, Paris.
18b *Louis le Grand renversé pour faire place à la Colonne de la Liberté et de l'Egalité, le 11 août 1792*, gravure.
19 Hubert Robert, *Violation des caveaux royaux dans l'église abbatiale de Saint-Denis en 1793*. Musée Carnavalet, Paris.
20 *Dépouilles de la superstition apportées dans le sein de la Convention Nationale*, 1793. Musée Carnavalet, Paris.
21h Attribué à David, *L'Abbé Grégoire*. Musée des Beaux-Arts, Besançon.
22h Porte Saint-Denis à Paris, gravure.
22/23 Henri de Cort, *Vue de Chantilly en 1781*. Musée Condé, Chantilly.
23 *Saint-Martin du Canigou, ruines de l'abbaye*, lithographie in Taylor et Nodier *Voyages…, 1826, Languedoc*. Bibliothèque du Patrimoine, Paris.
24g Fronstispice des *Monuments de la France*, 1816-1836, par Alexandre de Laborde.
24d Arcisse de Caumont, photographie.
25 Alexandre du Mège, *Saint-Sernin de Toulouse*, aquarelle. Institut de France.
26h *Vue du château de Gaillon*, gravure de I. Silvestre, 1658.
26bg *Ruines de l'abbatiale de Cluny*, litho. in Taylor et Nodier *Voyages…, Bourgogne*. Bibliothèque du Patrimoine, Paris.
26bd *Saint Georges et le dragon*, panneau de bois provenant du château de Gaillon. Musée de la Renaissance, Ecouen.
27 *François Guizot*, litho. de Delpech.
28 *Maguelonne (Hérault), abside de l'ancienne cathédrale Saint-Pierre*, litho, in Taylor et Nodier *Voyages…, Languedoc*. Bibliothèque du Patrimoine, Paris.
29h *Saint-Martin du Canigou, vue intérieure de l'abbaye*, idem.
29b *Assier, vue extérieure du château*, idem.
30h *Chapiteau de Saint-Palais à Saintes*, croquis de Ludovic Vitet, vers 1830.
30b H. Lehmann, *Ludovic Vitet*, 1864.
31h *Moissac, cloître*, litho. in Taylor et Nodier *Voyages…, Languedoc*. Bibliothèque du Patrimoine, Paris.
31b *Saint-Quentin, façade de l'hôtel de ville*, E. Lacroix, 1847. Archives du Patrimoine.
32h Mérimée, autoportrait.
32b Mérimée, *Portail de l'église de Civray*, rapport du 23-07-1840. Archives du patrimoine.
33 Mérimée, *Fanal d'Esbron*, rapport du 03-08-1840. Archives du Patrimoine.
34h *Arc romain et pont de Saintes*, relevé, 1710.
34b *Palais des Papes en Avignon*, gravure.
35 *Eugène Viollet-le-Duc*, gravure.
36 Viollet-le-Duc en saint Thomas, Notre-Dame-de-Paris.
37h Eugène Viollet-le-Duc, *Chimère*, croquis pour Pierrefonds. CRMH.
37b Eugène Viollet-le-Duc, *Vézelay, façade ouest de l'église de la Madeleine avant restauration*, 1840. Archives du Patrimoine.
38h E. Duban, *Château de Blois, aile François Ier avant et après restauration*, 1844. Archives du Patrimoine.
38m et b Eugène Viollet-le-Duc, *Sens, palais synodal, façade et projet de restauration*, 1851. Idem.
39g Ouradou, d'après Eugène Viollet-le-Duc, *Pierrefonds, manteau de cheminée de la chambre de l'impératrice*. CRMH.
39d Eugène Viollet-le-Duc, *Singe*, croquis pour Pierrefonds. *Idem*.

Nodier *Voyages…, Languedoc*. Bibliothèque du Patrimoine, Paris.

CHAPITRE II

40 *A mon seul désir*, détail de *La Dame à la licorne*, tapisserie, vers 1500. Musée de Cluny, Paris.
41 *Instruction sur la manière d'inventorier et de conserver tous les objets proposés par la Commission temporaire des Arts*, 1794.
42h Cabinet en ébène dit de l'Odyssée. Château de Fontainebleau.
42/43 Raguenet, *Hôtel de Bretonvilliers*, peinture, 1757. Musée Carnavalet, Paris.
43 Simon Vouet, *Gaucher de Châtillon*. Musée du Louvre.
44hg Tenture de l'Apocalypse (détail), «La bête fait tomber le feu du ciel». Musée d'Angers.
44hd Polychromies du buffet d'orgue de l'église Saint-Alain de Lavaur en cours de dégagement (Cl. Nelly Blaya).
44b *Ancien jubé de la cathédrale d'Auch*, gravure de Lettu, vers 1850.
45h Charles Ronsing, *Stalles du chœur de la cathédrale d'Amiens*, 1906. Archives du Patrimoine.
46g Formigé, *Statue de sainte Foix de Conques*, dessin aquarellé, 1874. Idem.
46d *Moyen expéditif du peuple français pour déloger un aristocrate, château de Castrie, 13 novembre 1790*, gravure.

140 TÉMOIGNAGES ET DOCUMENTS

47 Swebach-Desfontaines, *Pillage d'une église sous la révolution*. Musée Carnavalet, Paris.
48 *Salle du XVIIe siècle du Musée des Monuments français*, peinture. Musée Carnavalet, Paris.
48/49 Hubert Robert, *Le Jardin Elysée*, 1802. Musée Carnavalet, Paris.
49 Marie-Geneviève Bouliard, *Alexandre Lenoir*, 1793. Musée Carnavalet, Paris.
50 *La Salle du XVIIe siècle*, dessin, in *Album Lenoir*. Musée du Louvre, cabinet des dessins, Paris.
51h *La Salle du XIIIe siècle*, idem.
51b *Tombeau d'Héloïse et d'Abélard au Père Lachaise*, idem.
52h Christ du jugement dernier provenant de l'église de Charroux (Vienne), XIIIe siècle.
52b Détail de la broderie de la reine Mathilde, Bayeux.
53h Morin, *Décoration de la salle à manger du château de Boussac*, 1842. Archives du Patrimoine.
53b Théophile Lhuer, *Salle du musée de Cluny à la fin du XIXe siècle*. Musée de Cluny.
54/55h Salle du XVIIIe siècle du Musée des sculptures comparées du Trocadéro.
54/55 (fond) Exposition universelle des Beaux-Arts de Paris, 1855.
55 *Forme à trois places* in Viollet-le-Duc, *Dictionnaire du mobilier*, 1863.
56h Retable de Ternant, XVe siècle.
56b Arrêté de classement des retables de Ternant, le 6 août 1881.
57 Ernest Meissonier, *Les Ruines du château des tuileries*, 1871. Château de Compiègne.
58g Cloître de Saint-Genis-des-Fontaines, avant démantèlement.
58d *Vierge à l'Enfant*, ivoire, XIVe siècle. Eglise collégiale de Villeneuve-lès-Avignon.

CHAPITRE III

60 Le Corbusier, villa Savoye (Poissy).
61 Gustave Moreau, *Chemin de croix*, 1862. Eglise de Decazeville.
62 Bisons d'argile de la grotte de Montesquieu-Avantès. (Cl. R. Begouen).
62/63 Alignements de Carnac.
63 Anatole de Baudot, Eglise Saint-Jean-de-Montmartre, 1902.
64 Château de Vaux-le-Vicomte.
64/65 Palais des Rohan à Strasbourg.
65 Claude-Nicolas Ledoux, *Plan général de la Saline de Chaux*, Arc-et-Senans, gravure.
66h Bibliothèque Sainte-Geneviève.
66b Novarina, chapelle Notre-Dame-de-Toute-Grâce à Assy.
66/67 (fond) Gustave Eiffel, viaduc de Garabit.
67 Palais du facteur Cheval à Hauterives.
68h Grand salon du château Saint-Roch au Pin.
68/69 Démolition des Halles de Paris en 1971.
69 Papier peint illustrant la *Vie de Don Quichotte*, château de Toulonjac.
70 Synagogue de la rue des Tournelles, Paris.
70/71 Robert Mallet-Stevens, villa Cavroix, Croix.
71 Mosquée de Missiri, Fréjus.
72 Métairie de Saint-Lieux Lafenasse.
72/73 Salle du Grand Rex, Paris.
73 Moulin de la chocolaterie Menier, Noisiel.
74hg Char tigre, Vimoutiers.
74hd Voiture hippomobile, Haras du Pin.
74b Accélérateur d'ions lourds, Orsay.
75h Goélette *Principat di Catalunya*, Le Canet.
75b Vue aérienne du château de Vaux-le-Vicomte.
76 Domaine natal de Joséphine de Beauharnais à La Pagerie, Martinique.
77h Cabinet oriental de la maison de Pierre Loti, Rochefort.
77b Chambre de Van Gogh à l'auberge Ravoux, Auvers-sur-Oise.
78h Vue aérienne du château d'If, Marseille.
78b Extrait du manuscrit «J'accuse» d'Emile Zola.
79h Marionnettes du domaine de Georges Sand à Nohant.
79b Crocodiles naturalisés de l'hôtel de ville de Nîmes.
80 Représentations animales de la grotte Chauvet à Vallon-Pont d'Arc.
81h Peinture découverte dans le château de Castelferrus. (Cl. Ribadeau-Dumas)
81b *Sainte femme en pleurs*. Musée de Notre-Dame en Vaux.
82 Peinture du XIIIe siècle découverte dans la cathédrale d'Angers.
83h *La Création des oiseaux*, peinture découverte dans la cathédrale de Cahors.
83b Peinture découverte dans la chapelle Saint-Jean-Baptiste de la cathédrale de Bourges.
84h Ex-voto de la chapelle Notre-Dame de toute-Grâce, Honfleur.
84b Salle du château de Bussy-Rabutin.
85 Musée de l'automobile Schlumpf, Mulhouse.

CHAPITRE IV

86 Château de Falaise après restauration (Cl. Bruno Decaris).
87 Crosse épiscopale du Trésor de Saint-Lizier. (Cl. Costa).
88h Alavoine, «Projet de flèche pour la cathédrale de Rouen», 1823.
88b Cathédrale Saint-Pierre d'Angoulême, avant et après restauration par Abadie.
89 Formigé, Façade Ouest de l'abbatiale Sainte-Foix de Conques, avant et après

INDEX

restauration, 1874. Archives du Patrimoine.
90hg et 90/91 Corroyer, Le Mont-Saint-Michel, avant et après restauration. Archives du patrimoine.
90hd Petitgrand, projet de flèche pour la tour centrale du Mont-Saint-Michel, 1894. Archives du patrimoine.
91hg et m Saint-Sernin de Toulouse, déambulatoire, état Viollet-le-Duc et en cours de restauration en 1980. (Cl. G. Costa).
91d Saint-Sernin de Toulouse, déambulatoire, état actuel.
91b Armoire à reliques de Saint-Sernin de Toulouse, gravure.
92h La cathédrale de Reims en 1918 après les bombardements.
92b Arcatures hautes de la cathédrale de Reims avant et après restauration en 1934 par Deneux.
93 Transept de Saint-Lizier : état actuel et état restitué. (Cl. P. Calvel).
94h Delpechin, *Vue intérieure de Notre-Dame de Paris en 1789.* Musée Carnavalet, Paris.
94b Eustache Lesueur, *La Prédication de saint Paul à Ephèse.* Musée du Louvre, Paris.
95 Hubert Robert, *Vue du bosquet des bains d'Apollon, hiver 1774-1775.* Musée de Versailles.
96 Remparts de Carcassonne, tour de la Vade.
97h Viollet-le-Duc, *Façade est des remparts de Carcassonne avant et après restauration,* 1853. CRMH.
97b Eglise Toussaint d'Angers avant et après restauration (Cl. P. Prunet).
98h Eugène Viollet-le-Duc, *Elévation sud de Saint-Sernin de Toulouse avant restauration,* 1846. Archives du patrimoine.
98b Yves Boiret, *Elévation sud de Saint-Sernin de Toulouse dans l'état Viollet-le-Duc.*
99h et b Yves Boiret, *Chevet de Saint-Sernin de Toulouse dans l'état Viollet-le-Duc et projet de restauration de 1996.*
100hg et m Eglise Notre-Dame de Saint-Lô avant la Seconde Guerre mondiale et après les bombardements.
100hd Froidevaux, *Projet de restauration de l'église Notre-Dame de Saint-Lô.*
100b Corrosion des sculptures en bronze du pont Alexandre III, Paris.
101h Restauration au laser de la cathédrale d'Amiens.
101b Cathédrale Notre-Dame-la-Grande à Poitiers, avant et après nettoyage.
102 Cathédrale de Mende, maître-autel, croix et ambron par Ph. Kaeppelin, 1988.
103h Ancienne présentation du Trésor de Conques. (Cl. Taracon).
103b Nouvelle présentation du trésor de Saint-Lizier. (Cl. G. Costa).
104b Salon ovale du château de Champs-sur-Marne.
105h Grande salle aux tapisseries du château de Châteaudun en 1992.
105b Salle des gardes du château de Châteaudun en cours de restauration.
106h Vitrail de Chartres avant et après restauration.
106bg et d Sculpture provenant de la Mise au Tombeau de Monestiès, avant et en cours de restauration.
107 Rubens, *L'Adoration des bergers,* cathédrale de Soissons, avant et après restauration.
108 Vue aérienne de Sarlat.
108/109 Vitrail de l'église de Charleville-Mézières réalisé par René Durbach.
109 Place Vendôme, Paris.
110 Plafond de l'Opéra de Paris par Marc Chagall.
111h Engravures de Daniel Dezeuze sur le sol de l'église Saint-Laurent du Puy-en-Velay.
111b Exposition d'œuvres contemporaines au château d'Oiron.
112 Vitraux de Pierre Soulages à Sainte-Foix de Conques. (Cl. J.-D. Fleury).

TÉMOIGNAGES ET DOCUMENTS

113 Abbatiale Sainte-Foix de Conques. (Cl. J.-D. Fleury).
114 Corniches de Saint-Sernin de Toulouse en cours de dégradation. (Cl. Yves Boiret).
116 Arc de Saintes, dessin extrait des rapports de Mérimée. Archives du Patrimoine.
118/119 Croquis extrait d'une lettre de Viollet-le-Duc, septembre 1843. Fonds Viollet-le-Duc.
119 *Vénus d'Ille,* musée Saint-Raymond à Toulouse.
120 Viollet-le-Duc, *Tête d'un contrefort de la tour sud de Notre-Dame de Paris,* 1848. Fonds Viollet-le-Duc.
123 Cathédrale Saint-Front de Périgueux, avant et en cours de restauration par Abadie.
131 Le Parlement de Rennes après l'incendie de février 1994.

INDEX

A – B

Amiens 37, 43, 44, *45*, *101*.
Angers 45, 81, *97*.
Angoulême 88, *88*.
Arles 35, 107.
Atget, Eugène 69.
Auxerre 45, 103.
Azay-le-Rideau 65, 75.
Bagatelle 22.
Baudot, Anatole de 62, *63*.
Bayeux 45, 52, 104.
Bazaine, Jean 109.
Bissière, Roger 109.
Blois 15, 35, *63*.
Boffrand, Germain 15.
Boiret, Yves 96, *99*.
Bordeaux 14, 44.
Bourdon, Sébastien 43.
Bourges 44, 45, 81.
Braque, Georges 109, 110.

C – D – E

Carcassonne 35, 37, 96, *96*, *99*.
Carnac 62, *62*.
Caumont, Arcisse de 25, *25*, 34.
Chagall, Marc 109, 110, *110*.
Chambord 105.
Champaigne, Philippe de 43.
Chantillly *22*, 23, 46.
Chartres 44, 102, *106*.
Chastel, André 68.
Chateaubriand, René de 23, 77; *Le Génie du christianisme* 23.
Cluny (musée des Thermes et de) *41*, 53, *53*, 54.
Compiègne 104.
Conques *46*, 89, *89*, 103, *103*, 109, *113*.
Cousin, Victor 33.
Dame à la licorne (tapisseries de la) *41*, 53, *53*.
Denis 54.
Didron 33.
Drouet, Gervais *44*.
Drouyn, Léo 88.
Duban, Jacques 35.
Dupont, Jacques 108.

E – F – G

Eiffel (tour) 67.
Enaud, François 108.
Facteur Cheval (palais du) 67, *67*, 77.
Fédérés (mur des) 77.
Fontainebleau 22, *42*, 43, 46, 75, 104.
Fontevraud 34, 52, 107.
Gaignières, François-Roger de 16, *16*.
Garnier, Charles 64.
Gobelins (Manufacture des) *105*.
Goujon, Jean 17, *17*.
Grand Palais 80.
Grégoire (abbé) 13, 20, *20*, 21, *21*; *Mémoires* 20.
Guizot, François 27, *27*, 30, 33.

H – I – J

Hardouin Mansart, Jules 15, *15*.
Hugo, Victor 25, 33; *Notre-Dame de Paris* 25.
Ingres 48, 69.
Innocents (fontaine des) 17, *17*.
Inventaire général des richesses artistiques de la France 68.
Joly-Leterme 35.

L – M

Laborde, Alexandre de 24, *24*.
Lasteyris 91.
Laugier (abbé) 43, 44, *45*.
Le Brun, Charles *64*.
Le Corbusier *61*, 66, 67, 69, 70.
Le Nôtre, André *15*, 64, 75.
Le Prévost 33, 54.
Le Primatice *42*, 43.
Le Vau, Louis *64*.
Lefebvre-Pontalis 91.
Léger, Fernand 71.
Lenoir, Alexandre *13*, 33, 47, 48, *49*, *51*, 94.
Limoges 44.
Lois, du 30-03-1887 56, 59; du 31-12 1913 56, 57, 58, 62, 65, 107, 111; du 4-09-1962 (loi Malraux) 68, 107, *108*; du 25-03-1943 107.
Louvre 14, *15*, *43*, 47, 62, 94, 95, 110.
Luxembourg 62, 110.
Lyon 45.
Maisons (château de) 46, 62.
Mallet-Stevens, Robert 70, *71*.
Malmaison 104.
Malraux, André 66, 67, 68, 69, 110, *110*.
Marcou, Paul-Frantz 59.
Marly 22, 46.
Mathieu, Jean-Baptiste 22.
Mège, Alexandre du 25, *25*.
Mérimée, Prosper 31, 32, *32*, 33, *34*, *36*, *41*, 52, *52*, *62*, 89.
Metz 109.
Millin, A.-L. 18, 20.
Moissac 31, *31*, 35, 108.
Mont-Saint-Michel 34, 89, 90, *90*.
Montalivet (comte de) 24.
Montfaucon (Dom Bernard de) 16, *17*.
Montreuil 46.

N – O – P

Nadar, Félix 69.
Narbonne 81.
Nîmes 14, 17, 35, 107.
Nodier, Charles 27.
Notre-Dame de Paris *36*, 37, *37*, *88*, 94, 95, *95*, *101*, 103.
Opéra de Paris 64, 110, *110*.
Orange 17, 107.
Orléans 45, 89.
Orsay 22.
Orsay (gare et musée d') 68, 74, *74*.
Pajou, Augustin *17*.
Palais-Royal 43, *43*, 111.
Panthéon 64.
Papes (palais des, en Avignon) 34, *34*.
Perrault, Claude 14.
Perret, Auguste *66*, 67, 70.
Petits-Augustins (musée des) 47, 48, *49*, *51*, 94.
Pierrefonds 37, 105.
Poitiers 52.
Poussin, Nicolas 43.

Q – R – S

Quatremère de Quincy 17, 48, 64.
Questel 35.
Rambouillet 46.
Reims 89, 90, 92, *92*, 101.
Retz (désert de) 75.
Rouen 44, 89.
Rousseau, J.-J. 16.
Ruskin, John 91.
Saint-Cloud 22, 46.
Saint-Denis (abbaye de) 14, *14*, 19, *19*.
Saint-Germain-en-Laye (château de) 46.
Saint-Sernin (basilique, à Toulouse) *25*, 27, 35, 37, 88, 90, *91*, 96, *98*, 103.
Sainte-Chapelle 89.
Sauvage, Henri 70.
Seeberger 69.
Sens 44, 35.
Sommerard, Alexandre du 53, *53*, 54; Edmond du 54.

CRÉDITS PHOTOGRAPHIQUES 143

T – U – V – Z	Ubac 109.	Versailles 15, *15*, 22, 45,	*55*, 56, *57*, *59*, *63*, 68, 88,
Taylor (baron) 27, 54.	Vaux-le-Vicomte *64*, 65,	62, 68, 75, 95, *95*, 104.	*88*, 90, *91*, 95, 96, *96*, *98*,
Tonnerre 34.	75, *75*.	Vézelay 35.	*99*.
Trocadéro (musée du)	Vendôme (place) 108,	Villandry 75.	Vitet, Ludovic 30, *30*,
54, *54*.	*109*.	Villon, Jacques 109.	31, *31*, 33, 52.
Troyes 90.	Venise (Charte de) 90,	Vincennes 15, 62, *63*.	Vouet, Simon 43, *43*.
Tuileries *20*, 56, *57*, 111.	92, 93.	Viollet-le-Duc, Eugène	ZPPAU 108.
	Verrier, Jean *105*, 108.	35, *35*, *36*, 37, *37*, 54, *54*,	

CRÉDITS PHOTOGRAPHIQUES

Altitude/Franck Lechenet 75b; Jacques Thomas 108; Yann Arthus-Bertrand 78h. Arch. Phot. 26h, 26bg, 30h, 31h, 34h, 34b, 52h, 53h, 56h, 58g, 62/63, 64/65, 77b, 88h, 88b, 92h, 92b, 100hg, 100hm, 123. Archipress 73; Stéphane Couturier 66h, 70/71; Franck Eustache 63; A. Goustard 72/73; Jacqueline Salmon 66b. Archives Gallimard 21h, 22h, 24g, 24d, 41, 46d, 55, 90hg, 90hd, 90/91. BN 16h, 16/17, 17, 18b. Yves Boiret 98b, 99, 114. Bulloz 20, 94h. CAOA Aveyron 61. Fabrice Charrondière 111h. Serge Chirol et Anne Gaël 101b. CNMHS 23, 28, 29h, 29b, 30h, 30b, 31b, 32b, 33, 36, 37h, 37b, 38h, 38m, 38b, 39g, 39d, 44hg, 45h, 46g, 68h, 70, 77h, 79h, 84b, 89, 91d, 96, 97h, 98h, 104b, 105h, 105b, 111b. CRMH Midi-Pyrénées 69, 72. D.R. 4e plat, Dos, 11, 25, 44hd, 44b, 54/55h, 56b, 62, 65, 66/67, 78b, 81h, 81b, 86, 87, 91hg, 91hm, 91b, 93, 97b, 100hd, 102, 103h, 103b, 104h, 106b, 113, 118/119, 119, 120. Dagli-Orti 32h. Diaf/Ph. Dannic 76; Jean-Paul Garcin 67; J. P. Langeland 85; Rosine Mazin 110; Pratt/Pries 64; Daniel Thierry 109. D.P./O. Poisson 75h, 79b. Edimedia/CdA/R. Guillemot 7. Eurélios/D. Vo Trung 101h. Explorer/P. Gleizes 4/5; A. Le Toquin 8/9; A. Wolf 1, 6. Fondation Le Corbusier 60. Gamma/Fanny Broadcast 2/3; Ministère de la Culture/J. Clottes 80. Giraudon 12, 22/23, 42/43, 47, 49, 58d. Hoa-Qui/R. Bonzom 71. Inventaire général 52b, 74hg, 74hd, 74b, 83h, 84h LRMH 107b, 108/109. LRMH/Bouchardon 83b, 100b. LRMH/Bozellec 82, 106h. Ministère de la Culture/Daniel Boudinet 1er plat. Photothèque des musées de la ville de Paris 13, 48, 48/49. RMN 14h, 14b, 15h, 15b, 26bd, 40, 42h, 43, 50, 51h, 51b, 53b, 57, 94b, 95. Roger-Viollet 19, 27, 35, 54/55 (fond). Sygma 68/69; Jacques Langevin 131. © by ADAGP 1996 60, 110, 112.

REMERCIEMENTS

L'auteur tient à remercier tout particulièrement : I. Ballandre, R. Begouen, A. Bengio, F. Bercé, H.-F. de Breteuil, Y. Boiret, M. Canas, M.-C. et R. Chevallier, B. Decaris, C. Delmas, J.-D. Fleury, B. Fonquernie, L. Fournier, I. Frosssard, P.-A. Gatier, G. Gentil, F. Jamot, J. Kagan, C. Lavirotte, F. Macé de Lepinay, J. Mayer, C. di Matteo, C. de Maupeou, F. Müller, P. Nora, E. Pallot, J.-D. Pariset, A.-C. Perrot, C. Piel, O. Poisson, C. Pressouyre, G. Prevot, C. Prévost-Marcilhacy, P. Prunet, M. Rebut-Sarda, M.-F. Ribadeau-Dumas, M. de Saint-Pulgent, M. Scelles, C. Vallet, M. Vidal, B. Voinchet, V. de Zanet. Cet ouvrage n'aurait pu être réalisé sans la précieuse collaboration des architectes en chef et inspecteurs des monuments historiques, et sans l'aide de l'ensemble des services centraux et déconcentrés de la direction du Patrimoine au ministère de la Culture.

ÉDITION ET FABRICATION

DÉCOUVERTES GALLIMARD
DIRECTION GÉNÉRALE Pierre Marchand et Elisabeth de Farcy.
DIRECTION DE LA RÉDACTION Paule du Bouchet. COORDINATION GÉNÉRALE Frédéric Morvan.
GRAPHISME Alain Gouessant. FABRICATION Violaine Grare. PROMOTION-PRESSE Valérie Tolstoï.
LA FRANCE DU PATRIMOINE, LES CHOIX DE LA MÉMOIRE
EDITION Frédéric Morvan. MAQUETTE Riccardo Tremori. ICONOGRAPHIE Any-Claude Médioni.
LECTURE-CORRECTION Catherine Lévine. PHOTOGRAVURE Arc en Ciel.

Table des matières

I L'APPARITION D'UNE CONSCIENCE PATRIMONIALE

14 Les destructions usuelles sous l'Ancien Régime
16 Gaignières et Montfaucon
18 Le vandalisme légitimé
20 La contre-offensive de l'abbé Grégoire
22 Le besoin de mémoire
24 Erudits et sociétés savantes
26 La prise en compte par l'Etat du fait patrimonial
28 Taylor, Nodier et Cailleux
30 Les premiers efforts de sensibilisation : Ludovic Vitet
32 L'invention d'une politique patrimoniale : Mérimée
34 L'appel à des architectes spécifiques
36 La recherche d'une doctrine : Viollet-le-Duc
38 Restaurations, interprétations, créations

II L'INVENTION DES OBJETS-MONUMENTS HISTORIQUES

42 Les aléas du goût
44 Les pertes dues au fanatisme
46 Ventes, dispersions et fontes
48 Le premier musée des monuments français
50 Une muséographie contestée
52 Le repérage des œuvres remarquables
54 Les musées de Cluny et du Trocadéro
56 L'intervention du législateur
58 L'effet des lois de 1887 et 1913

III LES NOUVEAUTÉS DE LA MÉMOIRE

62 Les monuments classés en 1913
64 La prise en compte des XVIIIe et XIXe siècles
66 Malraux et le patrimoine du XXe siècle
68 L'apparition d'urgences nouvelles
70 La mémoire des œuvres contemporaines
72 Patrimoine rural et repères urbains
74 De la mémoire industrielle aux parcs et jardins
76 Les indiscrétions de la mémoire
78 Esquisses et curiosités
80 La mise au jour d'éléments inédits
82 Les découvertes fortuites
84 L'unité des ensembles

IV DE LA SAUVEGARDE À LA MISE EN VALEUR

88 La reprise des façades et des flèches
90 L'évolution de la doctrine de restauration
92 Les ambiguïtés de la charte de Venise
94 La compatibilité des apports de chaque époque
96 Le traitement des ruines
98 Saint-Sernin de Toulouse
100 Authenticité et lisibilité
102 Les trésors d'objets sacrés
104 Les châteaux de l'Etat
106 Le traitement des œuvres
108 Le respect des abords
110 La création dans les monuments historiques

TÉMOIGNAGES ET DOCUMENTS

114 Les ruines : ouvrages du temps ou victimes des hommes ?
116 Mérimée et la Vénus d'Ille
120 La crainte des restaurations abusives
124 La charte de Venise
126 La logique du maintien ou du retour «in situ»
128 Mémoire et authenticité : des débats passionnés
132 Memento
138 Annexes